高质量发展视野下
现代体育文化研究

苑国旭　著

吉林出版集团股份有限公司
全国百佳图书出版单位

图书在版编目（CIP）数据

高质量发展视野下现代体育文化研究 / 苑国旭著.

长春：吉林出版集团股份有限公司, 2024. 6. -- ISBN 978-7-5731-5250-3

Ⅰ. G80-054

中国国家版本馆CIP数据核字第202454A387号

高质量发展视野下现代体育文化研究

GAO ZHILIANG FAZHAN SHIYE XIA XIANDAI TIYU WENHUA YANJIU

著　　者	苑国旭
责任编辑	刘东禹
助理编辑	米庆丰
装帧设计	李浩阳
开　　本	710mm×1000mm　1/16
印　　张	9.5
字　　数	160千字
版　　次	2024年6月第1版
印　　次	2024年6月第1次印刷
出　　版	吉林出版集团股份有限公司
发　　行	吉林音像出版社有限责任公司
	（吉林省长春市南关区福祉大路5788号）
电　　话	0431-81629667
印　　刷	吉林省信诚印刷有限公司

ISBN 978-7-5731-5250-3　　　　　　　定　价　79.00元

如发现印装质量问题，影响阅读，请与出版社联系调换。

前　言

随着社会的发展和进步，现代体育文化已经成为人们日常生活中不可或缺的重要组成部分。现代体育文化以竞技体育、全民健身和体育商品等形式展现出来，具有独特的魅力和影响力。在高质量发展视野下，现代体育文化的研究已经成为一个备受关注的话题。本书旨在深入研究现代体育文化的概念、发展现状、案例分析和对策建议，以期更好地推动现代体育文化的繁荣发展。

本书立足于我国体育文化发展的现状，从不同的角度对体育文化的发展进行分析和研究，希望能够为我国体育文化的发展提供一些有益的思路。

本书共分六章：第一章是对体育文化的认识，包括体育文化的概念及其价值、特征等内容；第二章对体育文化的演进历史和发展现状进行分析和介绍；第三章从体育文化的社会发展角度对其进行认识和理解；第四章是结合时代发展对当前体育文化的传播与发展进行了阐述；第五章对体育非物质文化遗产的保护与传承进行了分析和研究；第六章是信息化发展背景下对民族传统体育文化的发展进行了探索。

本书在写作过程中，参考了很多专家、学者的理论报告和文献资料，在此，作者要对这些专家和学者表示衷心的感谢。由于时间、精力有限，本书难免存在疏漏和缺陷，希望各位读者能够批评指正。

作　者
2024 年 2 月

目　　录

第一章　体育文化的认识

随着现代社会的不断发展，体育文化的内容越来越丰富。在竞技体育的带动和全民健身运动的推动下，体育文化逐渐渗透到社会的各个角落，深深影响着人们的日常生活。本章重点阐述体育文化的概念、特性、功能及内涵等内容，以帮助人们可以更加深刻地认识与了解体育文化。

第一节　体育文化及其价值

文化对人类社会的发展有着深远的影响。在不同的历史时期和文化背景下，文化的发展和演变也各不相同。文化是社会的灵魂，是民族凝聚力的源泉，也是综合国力的重要体现。在全球化的今天，文化交流和融合变得更加频繁和重要。作为社会文化的重要组成部分，体育文化在人们日常生活中的地位越来越高，体育逐渐成为人们的一种生活方式，对人们的生活、学习和工作都产生非常重要的影响。

一、文化

关于"文化"的概念探讨，古今中外的学者有不同的阐述。

在西方国家，"文化"意为"耕作、教育、发展"。英国学者最早对"文化"进行界定，指出"文化"是社会成员所习得的，包括知识、信仰、艺术、道德、法律、习俗以及任何其他能力和习惯的复合体。美国学者认为，文化属性表现如下：①民族的生活方式的总和；②人类思维、情感和信仰的方式；③人类行为的抽象概括；④关于人类群体行为方式的理论；⑤各种有益学识的综合；⑥人与环境、人与人的相处技术；⑦机体标准化的认知取向；⑧一种习得行为；⑨一种行为规范约束机制；⑩历史积淀物。

在我国，《易经》中对"文化"的解释为"刚柔交错，天文也；文明以止，人文也。观乎天文，以察时变；观乎人文，以化成天下"。这是我国古代封建王朝所施的文治和教化的总称。现代意义上的"文化"，以《辞海》的解释为准，指人类社会历史实践过程中所创造的物质财富和精神财富的总和。

二、体育文化

体育文化是利用身体锻炼来提高人的生物学与社会学发展的一种文化现象，这一文化现象时时刻刻充斥在人类社会之中，发挥着巨大的作用。

体育文化有着丰富的内涵，与一般的文化现象一样，体育文化也包括物质文化、制度文化、精神文化和行为文化等方面的内容。其中，体育物质文化是重要的基础和载体，如篮球场、各种运动服装与设备等都属于这一范畴。体育制度文化主要是指为促进体育文化发展而制定的各种文件和章程，在这一制度保障下，体育文化才能获得持续健康的发展。体育精神文化则属于人们体育价值观念以及体育心理倾向各方面的综合表现，是体育文化的重要内核。体育行为文化是指人们为实现某种体育目标而进行的各种活动。

实际上，在我们日常生活当中各种常见的体育产品，也蕴含着特定的体育文化，如某学生在运动会上取得了优异的比赛成绩，并因此受到一定的表彰，获得了一件运动服等。体育精神文化主要表现在颁奖方面，是对学生体育精神的一种肯定；体育行为文化则体现为对学生行为的认可；体育物质文化则更为明显，表现为学生获得奖励。

需要注意的是，不论哪一种要素，都非常重要，体育文化系统不能脱离任何一项要素而存在，这四个要素之间的联系也非常密切，共同推动着体育文化的发展。通过上面对体育文化的了解，我们可以发现体育文化的内涵非常丰富，体育物质文化、体育制度文化、体育精神文化是其重要的内容组成，三者之间是相互联系在一起的，不能独立存在，只有彼此间相互联系才能获得健康发展。它主要包含以下几个方面的意义（图 1-1）。

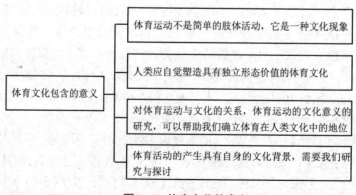

图 1-1　体育文化的意义

　　具体而言，体育文化的意义主要体现：体育运动属于一种文化现象，应当作一项社会文化进行研究；体育运动与文化之间的关系非常密切，二者相互影响，共同发展；确定体育在人类文化中的地位；研究体育文化塑造与发展的过程。

　　体育运动有着非常悠久的历史，发展至今，已成为一种重要的文化现象，在人们的日常生活中扮演着十分重要的角色。总的来看，体育文化的内涵与属性主要体现在以下几个方面：①体育是以身体为载体的一种活动，通过这一形式，人的自然价值和社会价值都得以实现并获得逐步发展；②体育运动是由人类所创造的非遗传性活动，这一活动不仅仅是简单的肢体活动，更是人类思维方式的表达和传递；③在历史发展的长河中，体育文化历来都发挥着不可磨灭的作用，其发展呈现出一定的时代性、民族性、传承性等特点，不断推动着人类社会文化的发展；④体育文化的内涵非常丰富，其中蕴藏着深厚的价值观念、意识形态等内容，具有其他文化无可比拟的优势。

三、体育文化的价值

　　我国现代体育教育和世界教育发展的潮流是一致的。一百多年来，我国不但极大地丰富了体育文化，提高了体育在社会中的地位和价值，而且还使体育在促进人的"全面发展""协调发展""完善发展"中起到了重要作用。

（一）奥林匹克运动文化的价值

　　"更快、更高、更强——更团结"（2021 年 7 月 20 日，国际奥委会正式通过，将"更团结"加入奥林匹克格言中）是奥林匹克的格言，"互相理解、友谊长久、团结一致和公平竞争"是奥林匹克的精神。奥林匹克运动激励着青年人奋发向上、超越自我，向着更高的目标迈进。运动员勇于克服各种艰难险阻，付出辛勤的汗水去争取胜利的意志和品质对所有人都是一种激励。

　　体育文化的任务由感性深入理性，从形体美深入心灵美。体育文化的理性任务要求锻炼者在身体健美、均衡和体态端正的基础上达到意志品质高尚、身心尽善尽美的境地，并与艺术相结合。这种深入的心灵美，是一种更高层次的体育文化的理性价值。现代奥运会经过一百多年的发展，已经成为世界上最广泛的社会文化现象。

（二）竞技体育文化的价值

体育与人类的生存、发展紧密相连，人类创造了体育，也创造了体育文化。体育文化是一种竞技运动文化。正是人类对这种竞技运动文化进行了改造，文化才不断地获得创新与发展。然而这些创新与发展，是在众人不断的实践中完成的，经历了社会变革的历史历程相对应的三个阶段，即宗教体育文化阶段、科学体育文化阶段和正在进行中的艺术体育文化阶段。艺术体育摆脱了人类求生存的宗教体育文化、强身健体适应环境的科学文化和功利性体育文化的特征之后，向着竞技与艺术相结合、形体美与心灵美相结合的形态发展。

（三）校园体育文化的价值

校园体育文化作为学校教育的重要组成部分，在德、智、体、美、劳全面发展的教育方针中，在培养身心健康、具有创新精神和实践能力的社会主义现代化合格人才中具有十分重要的作用。

（四）大众体育文化的价值

在人类文明的进程中，人类出于共同需要，对自身生存、发展、享受的追求和关注一刻也没有停止过，正是这种大众体育文化在教育全球化的浪潮中的推动力最大，影响最为广泛，也最为深刻。这是因为大众体育文化不仅给人类带来快感和美感，还给社会带来健康和活力。无论中国的大众体育，还是西方的大众体育，都是以全面发展和和谐发展为根基的。

（五）中国传统体育文化的价值

中国传统文化有着历史悠久、博大精深的光辉篇章，也是中华民族自强不息的象征。自古以来，中国传统体育都是围绕"养生"为主开展的，人与自然的结合在于通过与自然的交换排除身体内部的浊气、吸取真气、五脏通达、六腑调和，并认为决定健康和长寿的根本在于人体的内部而不在于外部；中国传统体育文化在体育形态上强调整体观和意念感受、动作简单而内涵深刻，很少有强烈的肌肉运动，因此缺少激进和冒险行为。随着东西方文化的交往，中国传统体育文化这种整体修炼和内在和谐之美，正在和现代科学相结合，形成新的独特风格并走向市场。

第二节 体育文化的特征、性质

一、体育文化的特征

体育文化发展至今内容越来越丰富，特点也越来越鲜明和多样，体育文化的多样性特征主要体现在以下方面：

（一）主客体同一性

主客体同一性是体育文化的一个重要特征。人们参加体育运动的主要目的在于增强体质，愉悦身心。体育运动这种改造人身心的行为充满了自我超越的色彩。

体育文化属于文化的一种重要形式，其作用对象是人，而人则具有自然与社会两种属性，人们在参加体育活动的过程中体现出人的活动主体与客体的同一性，这就是体育文化最为基本的特征之一。

与其他社会文化现象不同，体育文化主要以身体运动为表现形式，人们在参与体育文化活动的过程中，身心得到改造、获得发展，这就是体育文化活动的重要内容。但是，在某些情况下，如果运动不当会给人的身心带来一定的不利影响。如运动员过于追求成绩而采用高强度不合理的训练手段，采用不符合运动员年龄的训练方法等，这些都会严重影响到运动员的运动寿命，甚至是身体健康。

因此，我们应尽可能采用科学的训练手段与方法来提高运动员的运动能力，将体育文化的发展导向科学合理的轨道上来。另外，作为一名体育事业工作者，也要本着积极向上的心态和饱满的热情投入到工作之中，实现自己的人生价值。

（二）超越性和竞争性

体育运动存在的历史非常久远，在长期的发展中，始终存在着竞争与超越，竞争与超越可以说是体育运动非常重要的特征。体育文化属于一种身体动作文化，在各种各样的体育比赛中，运动员通过技艺的展示与对抗来获取比赛的胜利。这使得体育运动充满了竞争性。综观当今体育竞赛的形式，可以将体育比赛分为直接对抗、非直接对抗和不同场比赛三种类型。但是，不论哪一种类型，都体现出体育运动重要的对抗与竞争性特点。

目前，体育运动形式越来越丰富，通过利用各种高科技手段，竞赛竞争也越来越激烈，随着时代的不断发展，其仍然具有较强的竞争性特点。由此可见，体育文化表现出强烈的超越性与竞争性特征。

（三）亲和性

体育文化属于一种重要的社会文化现象，发展至今已经成为人们日常生活的重要内容，在人们的生活中扮演着越来越重要的角色。之所以如此，这与体育文化的亲和性特征是分不开的。随着时间的不断发展，体育也成为了一种全球性的社会文化现象。总之，体育文化之所以能得到人们的认可并获得持续发展，其中一个很重要的原因就在于它具有重要的亲和性特征。

体育文化的亲和性具有非常重要的作用，它能激发人的灵感，实现社会化的激励、教育等作用。除此之外，通过体育文化，人的社会价值也得以实现。由此可见，体育文化对于人们的重要意义。除此之外，人们在参加各种体育活动或运动员在比赛中也能建立彼此之间的友谊，这些都是体育文化亲和性特征的具体体现。

（四）身体表征性和传承性

体育文化一个非常重要的特征就是身体的表征性与传承性。这一特征在我国民族传统体育文化中得到了深刻的体现。由于运动方式的不同，人们在运动的过程中会呈现出不同的身体形态。比如，游牧民族以骑马为代步工具，在长期的骑马生活中逐渐形成了一种肩部比较松弛的形态。这就是体育运动身体表征性的一种表现。除了身体传承之外，语言传承也是一种非常重要的方式，而表现在体育运动中，运动员的各种身体姿态、技巧等就像语言一样起着传承的作用，这是体育文化的一种很重要的交际功能。观众通过观看体育比赛，能从中领悟到许多深刻的东西，这与体育文化的身体表征与传承功能有着极为密切的关系。因此说体育文化具有明显的身体表征性和传承性的特点。

（五）从属性

体育文化在发展的过程中会受到各种因素的制约和影响，因此表现出突出的从属性特征。影响体育文化发展的因素主要有政治、经济、军事、宗教等文化形态，正是这些文化形态因素与体育文化之间的相互关系才导致了体育文化具有社会操作的从属性特征。在某些情况下，体育文化的这一从属性特征发挥了非常关键的作用。因此，我们要高度重视体育文化的从属性这一特征，加强体育文化更深一层次的研究，从而推动体育运动与现代社会的健康发展。

二、体育文化的性质

（一）普遍性

作为人类社会的一种重要的文化现象，体育文化也具有普遍性这一性质。在这一特性之下，突出表现为不同阶级呈现出不同的体育文化形态与思维，都有自己相对独立的体育文化形式和思想。在原始社会，社会没有阶级分层，人人都有参与体育运动的权利，可以参与体育的生产与分配。

而在阶级社会，统治阶级拥有了体育文化的支配权，从某种程度上主宰着体育文化的发展。但是，尽管如此，不同阶级、不同地位的人也可以拥有自己的体育生活形式，目前体育也成为人们的一种重要的生活方式。由此可见，体育文化呈现出明显的普遍性。

（二）阶级性

一个阶级是社会上占统治地位的物质力量，同时也是社会上占统治地位的精神力量。支配物质生产资料的阶级，同时也支配着精神生产的资料，因此，那些没有精神生产资料的人的思想，一般地是受统治阶级支配的。纵观人类的发展历史，体育文化的支配权主要经过了奴隶主、封建贵族和近代资产阶级三个统治阶级，每一个阶段都呈现出鲜明的阶级性。在奴隶社会和封建社会时期，当时的统治阶级普遍享有体育特权，人民群众的体育活动受到统治阶级的支配。如朱元璋曾经对民间下棋和踢球有过禁令，埃及法老也有百姓不准射杀狮子的禁令，而统治阶级则可以参加这些活动，这就说明体育文化具有一定的阶级性。

（三）科学性

人体是一个具有客观性和规律性的物质存在物，自身的发展需要遵循一定的客观规律，否则就容易误入歧途，出现各种各样的问题。体育文化的发展同样如此。一个运动项目从诞生到进入高度化发展阶段，如果不遵循人体运动规律，不以相关的理论为基础进行发展，是难以实现长久持续发展目标的。各类竞技体育运动的发展就是一个鲜活的例子。像田径、各种球类运动之所以发展到现今这一水平，与体育运动理论的发展，与各种高科技手段的引进和利用是分不开的，这充分表明科学性是体育文化的一个重要特性。

（四）民族性

体育文化的民族性是指一个民族在历史上由于生存环境、生存区域、生产和生活方式、文化积累和传播等的不同而导致产生不同于其他民族的体育文化。具体来看，体育文化的民族性是建立在一定的社会历史基础之上的，这是因为同样的地域空间也会有相同的体育文化存在，不同的地理环境只是间接地影响不同民族的体育文化，越到发达社会这种影响作用越不明显。比如，以欧美体育为代表的西方体育文化，因人种复杂、变迁多，性格外向，思想活跃，追求个性解放，故擅长像拳击、橄榄球等身体接触激烈的体育项目；以中华体育为代表的东方体育文化，因地理环境和多民族的特点，加上深受封建阶级统治思想的影响，一般比较擅长体操、跳水、乒乓球等对抗性偏弱的运动项目。这与历史风俗和习惯是分不开的。

民族的语言、心理、性格以及在此基础上形成的体育文化模式是体育文化民族性的核心内容。不同的语言、心理、性格导致生活方式和体育文化的差异，这些差异又内化于民族的心理和性格等因素中，固化了体育文化的民族性。

任何民族的传统体育文化都不是一蹴而就的，都需要经过长期的发展和演变。一个民族体育项目都是在固定的地域内逐步发展起来的。从这个意义上来讲，任何体育文化都具有民族性的特点。但是，一个民族的体育文化发展到一定阶段，必然要突破牢笼向外部扩散，这就增加了同其他民族体育文化接触的可能性，二者之间的交流也越来越频繁。但不论如何变化，民族性始终都是体育文化的一个重要特性。

（五）继承性

体育文化的继承性是指体育文化经过不同时代仍然保留着原有某些特质的属性。与其他文化形态一样，体育文化也具有通过语言、图像、文字等媒体在人们的意识领域和社会价值体系中传承的特性。当然，体育文化由于以身体动作为基本形式，因此身体是其主要传承形式，而依附于体育文化之上的独有的语言和文字也具有强大的传承功能。因此，体育文化才具有继承性的特质。

（六）地域性

地域性也是体育文化的一个重要特性。这突出表现为不同地域的体育文化呈现出与众不同的特色，有自身一套独特的文化发展体系。世界每个国家或民族的体育文化都存在着较大的不同，呈现出各自鲜明的特征。无论是原始社会，还是封建社会，以及现今各个国家和地区的体育文化都呈现出鲜明的地域性特质。由此可见，体育文化受地域因素的影响是非常大的。与中国的地大物博不同，欧洲国家的体育文化受地域的影响较小，但也会受其影响。如美国的棒球和橄榄球、挪威的冰雪运动等都是在不同的自然环境和地域下形成的特色化体育运动。

（七）世界性

世界性也是体育文化的一个重要特质。也就是说，各个国家或地区的体育文化无论如何发展，整体上而言都是属于世界的，与世界发生着一定的关联，并不是孤立存在的。发展至今，全球一体化发展的趋势越来越明显，在体育领域也是如此。通过体育文化的发展，世界各个国家能走到一起，相互沟通与交流，实现体育全球化发展的目标。如今，体育的竞技化、市场化、产业化发展成为各个国家的共同追求，充分彰显出体育文化世界性的特质。

（八）时代性

任何事物都是处于不断的变化和发展中的，在不同的时代呈现出不同的特点和风格，体育文化也自然具有时代性这一特质。体育文化的时代性是指体育文化随时代的变迁而不断发展变化的特征，造成体育文化时代特性的主要原因是生产力发展具有阶段性的特点。

体育文化的内涵及层面非常丰富，发展至今，体育文化在物质层面、制度层面和精神行为层面都获得了快速的发展，这三个层面相互联系，共同促进着彼此间的发展。在不同的历史时期，这三个层面都呈现出不同的发展形态，因此没有一个特定的标准来衡量体育文化。我们在评价体育文化时，必须站在历史的角度审视问题，既要看到其进步性，又要看到其时代的局限性。如唐朝与汉朝的人体健美观不同，前者"以丰腴为美"，后者"以瘦为美"，这导致了两个时代体育文化的差异。所以，时代性是体育文化的一个重要的特质。

（九）永恒性

永恒性也是体育文化的一个重要特质。在人类社会发展的早期，体育运动就有了萌芽并开始获得多方面的进步，历经各个时期的发展，体育文化才呈现出如今的形态。体育文化持续不断发展的一个原因就在于它具有永恒性的发展特性。上面讲到体育文化具有时代性特质，它与永恒性是体育文化的两个重要特性，可以说，在不同的时代体育文化都获得了一定时期内的永恒发展。总之，体育文化之所以获得了永恒性的发展，与人类体育文化发展有着共同的热爱和普遍的追求密切相关。这就是体育文化永恒性的具体表现。

第三节　体育文化的功能及模式

一、体育文化的功能

随着现代社会的日益更新与发展，体育文化的内涵变得更加丰富，其在整个社会中的地位也越来越高，作用也越来越明显，促进人的全面发展成为新时代体育文化的一个重要功能。可以说，体育文化以独特的功能和内涵，在整个人类社会中扮演着越来越重要的角色。如今，体育文化深深影响着人们的日常生活，体育已渗透进社会的每个角落，促进着人的全面、和谐发展，这也是体育文化的主要目的。具体而言，体育文化的功能主要表现在以下几个方面：

（一）教育功能

在体育文化发展的过程中，它对整个人类社会文化都产生了极为重要的影响。体育是以人体运动为载体的一种社会文化现象，人们在参加各种体育活动的过程中能获得身心的全面发展，这是其他文化现象所不具备的。由此可见，体育文化具有与众不同的教育功能，它属于现代教育的重要内容。体育教育，不仅能增强人的体质，促进人们掌握运动技能，还能很好地培养人们参加体育运动的兴趣和习惯，以及人们良好的竞争意识，从而提高人们的综合素质。

发展到现在，体育文化的形式和内容越来越丰富，教育功能与价值越来越显著。如在人的成长过程中，从最初的坐、爬、站立，到后来的走、跑、跳等；从身体素质的提高到各种运动技能的掌握，体育教育都起着非常重要的作用。可以说，人在成长的过程中，无不与体育教育息息相关，因此说教育功能是体育文化的一个重要功能。

（二）调节功能

发展至今，体育文化已逐渐成为社会的主流文化，在人们的日常生活中扮演着越来越重要的角色，甚至可以说人们已经离不开体育文化。之所以如此，其中一个重要的原因就在于体育文化具有重要的调节功能，能对人们的各种社会行为和习惯产生重要的调节作用。生活在社会上，人们都持有不同的观念和意见，而通过体育文化，具有不同价值观念的人可以凝聚在一起共同参加某一项体育运动，在运动中增进彼此的交流，从而实现合作与发展。除此之外，通过体育文化的调节功能，人们的各种不良社会行为也能得到一定程度的抑制，这对于社会的和谐稳定发展具有重要的意义和作用。

（三）凝聚功能

凝聚功能是体育文化的一个重要功能，也是体育文化功能的重要部分。体育文化建设的目标就是建立一个团结的氛围，以谋求更大的发展。体育文化可以将不同区域、不同信仰、不同价值观念的人凝聚在一起，通过交流与合作，获得更好的发展。发展到现在，各种类型的运动会越来越多，这为全世界人民的相互沟通与交流提供了良好的途径。如足球世界杯、奥运会等大型世界性的体育赛事，将不同国家、不同地区、不同信仰的人集合在一起，朝着共同的目标努力和前进，形成了一种世界人民大团结的景象，对维护世界和平发挥了重大的作用。

另外，体育文化还具有多层次性的特点，相同的体育文化内容会吸引"志同道合"的人前来参与，共同推动着社会文化的进步与发展。

（四）创新功能

发展到现在，体育文化的内容体系越来越丰富，需要加强不同文化的沟通与交流才能获得健康、可持续发展，要想实现这一目标，借鉴和参考其他先进的文化是尤为必要的。纵观体育文化的发展历程，正是在不断与其他文化融合的过程中才获得进一步发展的。

由此可见，创新也是体育文化的一个非常重要的功能。要想推动体育文化的进一步发展，除了加强体育运动本身的发展之外，还要积极主动地吸收与借鉴其他国家或地区的先进文化，加强融合与创新，这样才能促进我国体育文化的健康持续发展。

总体而言，体育文化的创新主要体现在两个方面：一方面，通过体育文化的创新培养出大批高素质的具有创新活力的人才；另一方面，体育文化逐渐成为促进文化变革与发展的重要渠道。加强体育文化的创新不论是对于体育事业还是整个社会文化的发展都具有重要的意义。

（五）文化传播功能

体育文化有着显著的文化特征，这一特征主要体现在鲜明的象征性、浓郁的艺术性及丰富的内涵上。体育文化赖以发展的一个重要手段就在于扩展和传承，由此可见，文化传播也是体育文化的重要功能。

体育文化的扩展是指文化在空间伸展的蔓延性。其特性主要表现为：体育文化可以在社会各群体和个体之间相互传播，也可以在国家与国家之间、民族和民族之间传播，其传播的范围非常广泛。

传承性是体育文化的重要功能，我们所探讨的传承性主要是指时间上的传承。体育文化之所以发展到现在仍生生不息，其中一个非常重要的原因就在于其传承的功能。通过传播功能，各种形态的体育文化才得以保留，并在各个历史时期都获得了一定的发展。总之，体育文化的扩展和传承是体育文化传播功能的两种具体形式，在体育文化发展的过程中，这两种形式都广泛存在。

体育文化模式是指体育文化在历史发展过程中形成的相对稳定的标准形式，或使人可以模仿的大致的标准样式。探讨各种体育文化模式的异同，对揭示不同体育文化的具体特征和属性，指导体育理论建设和体育实践，都是十分有益的。

二、体育文化的模式

（一）文化模式

"模式"一词，指的是某种事物的标准形式或使人可以照着做的标准样式。它所涉及的事物范围很广，涉及前人积累的各个方面经验的抽象和升华。不仅是图像、图案，也可以是数字、抽象的关系，甚至思维的方式。它揭示了事物之间隐藏的规律关系，但强调的是形式上的规律，而非实质上的规律。简单地说，只要是一再重复出现的事物，就可能存在某种模式。文化模式，是某种文化的标准形式或使人可以照着做的标准样式，是具体历史文化的形式和内容、结构和要素的统一。确切地说，文化模式即以一定的价值系统为核心，并按一定结构组织起来的文化内涵的整体，是融语言、信仰、生活方式、价值观念于一体，融器物文化、制度文化、精神文化以及人本身的文化性格于一体，组合起来的具有独特个性的文化体系。文化模式也是指与人类特定区域、特定历史时期和特定人群相联的一种稳定的文化趋向。这种文化趋向有着共同的价值观念体系，有着一致的道德评价和社会理想，并由此决定着人们大体一致的行为方式。

（二）体育文化教学的组织模式

抓好体育课各阶段的组织教学。体育教学过程是由开始、准备、基本、结束四个部分组成的，由于四部分教学内容和学生情绪各不相同，因此，教学中教师要灵活地组织教学，充分调动学生的学习积极性，切忌出现前紧后松、虎头蛇尾的不良现象。学生的情绪极易松懈，此时教师的组织教学更不能忽视，应采用一些调节情绪和恢复体力的放松性练习，保持学生的兴趣，如舞蹈放松、意念放松，同时做好课堂小结。如何在体育教学实践中通过教师的引导，培养学生自觉地参与学习呢？

1. 培养学生的学习兴趣

学习兴趣是指学生对活动所具有的爱好和追求的心理倾向，它带有鲜明的感情色彩。浓厚的学习兴趣能调动学生的学习积极性，使大脑处于高度兴奋，促成获取知识、探究未知的最佳心态。可见，学习兴趣是促使学生主动参与学习的前提。如何使课堂教学兴趣化呢？

（1）导入课堂时激发学生的学习兴趣。课堂导入，好比一场戏剧的序幕，要一开始就引人入胜，激发学生的好奇心，使学生产生求知欲，诱发出最佳的心理状态，做到这一点，就需要教师创设最佳的教学情境。

在导入课堂时（课的开始准备部分），无论从场地的布置、学生活动的队形、活动的内容以及组织手段的形式等方面，都应根据不同类型的课时内容，因地制宜地为学生创设一种富有激情、新颖的外界条件。场地采用的是多方位的、半圆形的、梯队形的、五角形的、马蹄形的、梅花形的等不同常规的场景设计，给学生一种好奇、新颖的感觉。热身活动时，有时采取否定上位的自由运动，通过教师的引导，师生一起一会儿自由练习、一会儿小组结伴练习；有时安排在音乐的伴奏下，师生一起自编自舞或模仿各种动物跳跃的随乐活动和无拘无束的唱游等。这种组织方式既给学生营造了良好的学习氛围，也激发了学生的练习热情，达到了热身的效果，又缩短了师生之间的距离，为顺利进入运动技能状态创造了良好的条件。

（2）新授教学时引发学生的学习兴趣。新授教学是学生理解知识、掌握知识的重要过程。教师要尽可能地创造条件，让学生参与这个过程。为了达到此目的，教学中教师一定要重视对学生的启发、引导，使学生在教师的启发、引导下，正确地思维，轻松地接受新知识。在新课教学中，要改变班级只是作为制约学生课堂行为的一种"静态的集体背景"而存在的现象，使班级、小组等学生集体成为帮助学生学习的一种"动态的集体力量"。

因此，在教学时，教师不要急于讲解新授知识的动作要领，而是要创设教学情境，组织学生以学习小组为单位开展讨论，让学生进行自学并积极地思维，来提出问题、分析问题。教师则根据学生所提问题进行边整理、边删改、边示范、边讲解的方法，最后很自然地引出正确的动作要领，使学生在充满热烈探讨的交谈气氛中和积极参与思维的过程中，自然地掌握新授知识。如笔者在新授"前滚翻"内容时，场地安排是把垫子摆设在斜面上，在带着学生来到布置好的场地前时，用直问与曲问相结合的方法，帮助学生进入学习角色。

（3）安排练习时，有趣练习是学生各种技能形成的基本途径，优化练习设计是提高学生学习积极性的重要一环。单一的练习乏味，容易使学生厌学，因此，练习设计要尽量做到多样化、趣味化。在前滚翻练习时，笔者安排了自练、互练、小组合练以及互比、互评的交替练等方法，其间运用精讲示范、恰当点拨、分层要求和整体提高等方法进行指导。这样的练习安排既达到了巩固知识的目的，又培养了学生浓厚的学习兴趣。

2. 教给学生学习的方法

课堂教学不仅需要帮助学生"学会"知识，而且还要指导学生"会学"知识。学生掌握了学习的方法，就能快速地获取知识，更透彻地理解知识，从而可以增强学生学习的自觉性和自信心，要做到这一点就要求我们必须做好以下几方面：

（1）教给学生自觉学习的方法。体育教学是学校教学工作的重要组成部分，我们不要把体育教学单一地理解为只是直接为增强学生体质服务，更重要的是教会学生自觉学习、自觉锻炼的方法，只有这样才能达到"教是为了不教"和"自练通行，自学得之"的目的。教材是学生学习的重要依据，教师要精心创设问题情境，因地制宜地组织学习材料，使教材中的图案、文字表达方式能够符合各年级学生的认知规律，使学生可以通过自己的探索明确原理，掌握方法。

（2）学生练习的方法。体育教学间的知识结构虽然相当复杂，但知识间往往存在着某种类同或相同的成分。在安排练习时既要考虑到学生身体的素质情况，又要考虑到学生自身的知识体系的差异性，同时还要根据不同的内容组织不同的练习方式。所以教师在教给学生练习方法时，应根据不同的教材内容而定。如引导学生尝试自练，来体会动作的难易点。启发学生通过自由组合的小组练，激发思维、提高组织表达能力，达到练习的效果。

在体育教学过程中，应随时给学生创造自我评价、自我检验以及对知识点的简单分析、对课堂教学中提出一些要求等的活动。这种活动既是对学生组织能力、口头表达能力、思维能力、合作能力、评价能力的培养，也给学生创造了一个剖析自己、彼此交流、公平竞争、巩固知识的理想场所，后进生也可以因此得到帮助和提高。总而言之，在体育教学中让学生主动参与学习，才是真正把开启知识的钥匙交给学生，也是提高学生身心素质，使其掌握知识的最佳途径。

第四节　体育文化的主要类型

一、体育物质文化

（一）体育物质文化的分类

体育物质文化是指人们以体育为目的或在体育中的活动方式及其物质形态。一般来说，我们可以将体育物质文化分为体育活动方式、体育器材和场地设施、各种体育文化典籍，以及体育思想物化品四个部分，这四个部分是体育物质文化的主要内容。

1. 体育活动方式

在人类社会发展的过程中，离不开各种运动方式的存在，各种农业和工业的劳动动作，都是人们满足基本生活的活动方式。我们平时所参加的各种体育活动是一种促进身心健康的方式。随着人类社会的不断发展，体育活动方式也越来越多，不断满足着人们的身体和精神需求。尤其是在当今全民健身的背景下，处处可见人们跑步、打篮球、打羽毛球的身影，另外，观看各类体育赛事也是一种重要的体育活动方式，能满足人们的精神文化需求。

2. 体育器材和场地设施

体育器材、体育场地及相关的设施、设备等是最为明显的体育物质文化内容，这些内容是人们参加体育运动的重要载体和基础，没有了体育物质文化内容，各种体育活动也就无法存在。在我国丰富多彩的民族传统体育运动项目中，每个项目都会涉及和使用到至少两三个体育运动器材与设备，这些运动器材集合了无数人的智慧，是从古至今的人类智慧结晶，是文化的活化石。如风筝是中国古代重要的发明之一，在中国民间非常流行，最具特点的当属潍坊、北京等地的风筝。不同地区的风筝各有特色、构造多样。

龙舟竞渡中的龙舟，由船体、龙头、龙尾以及装饰和锣鼓组成，龙头大多用整木雕刻，竞渡前装上。广州龙头大多是红色，称为红龙；湖南龙头上唇部向上翘起；贵州龙头用水柳木雕刻而成，重达一二百斤。龙尾大多用整木雕刻而成，刻满了鳞片。龙舟的装饰包括旗帜、船体上的绘画等，各地龙舟上的装饰也不同。

随着现代社会的不断发展，以及人们对于高层次精神的追求，人们必须要具备充足的创造力，因为这也是推动体育器材和场地设施发展的需要。

3. 各种体育文化典籍

在人类社会的发展过程中，不同的文化被以各种形式记录下来，如文字、图画、雕刻等，其中，文字的产生是人类社会文明进步的重要表现，通过文字，人们能了解之前的人类社会文化活动与文化现象，文字使人能更加直观地了解历史中发生的各种事件，了解自我发展的文化史。

就我国传统体育的发展来说，涉及传统体育内容的文化典籍，对于现当代人了解某一种体育运动项目和体育文化现象的历史发展具有重要意义。传统体育文化典籍还为人与人之间，世代之间经验传承与学习传统体育知识、技能提供了直观参考，使传统体育能够延续、保留至今。

自古迄今，关于传统体育的文献非常多，到了近现代，相关史料更是多如牛毛，有专著、论文、图谱，还有史料以及地方志，这是传统体育研究的珍贵文献。总之，这些体育文化典籍也属于体育物质文化的重要内容。

4. 关于体育发展所创造并形成物质的各种思想物化品

在体育物质文化中，除了体育场地、体育设施这些实物之外，还有一部分是创造并形成物质的各种思想物化品，这一部分也是体育物质文化中最高层次的部分。体育制度、体育竞赛规则、体育歌曲、比赛视频等都属于这一方面的内容。

总之，体育物质文化的内容非常丰富，不仅包括体育场地、体育设施、各种体育器材与设备等实物，还包括具有深刻思想内涵的物质成果。一个国家的体育物质文化能在一定程度上反映出体育运动的水平，同时也可以反映出社会生产力水平，因此加强体育文化的建设是非常重要的。无论在何时，都不能忽略体育物质文化的建设与发展。

（二）体育物质文化的特性

体育物质文化具有形态的物质性、功能的基础性和表现的易显性等特点，下面做具体的分析。

1. 形态的物质性

形态的物质性是体育物质文化的一个最为重要的特性，也是区分其他体育文化形态的重要标志。如我们经常看到的体育场馆、体育器材设备等属于这一层次的内容，是属于物质的而非精神的。具体而言，一个篮球馆，属于体育物质文化，但是其中也蕴含着某些体育精神，但篮球馆始终是物质的而不是精神的。

2. 功能的基础性

物质文化、精神文化和制度文化是体育文化的三个层次，正是在这三个层次内容的推动下，体育文化才得以形成与发展。其中，物质文化是体育文化发展的重要基础，没有了物质文化也就没有了精神文化与制度文化，体育文化现象也便无法存在。这就是体育文化功能基础性的重要体现。

3. 表现的易显性

物质是人们最容易看到的事物，如一块田径场、一个篮球、一个网球拍等，体育文化首先就在这些方面得到了重要的体现，这主要是因为体育物质文化与社会生产力要素之间的关系最为密切，同时体育物质文化也处于体育文化的最表层，是其他文化层次的重要基础。这就是体育文化表现易显性的深刻体现。

二、体育制度文化

（一）体育制度文化的分类

体育制度文化是体育文化的重要形态。在人类社会发展早期，体育制度还比较欠缺，整个体育文化处于比较散漫发展的状态。但随着时代的不断发展，体育制度文化内容越来越丰富。具体而言，体育制度文化主要包括以下内容：

1．各种体育组织机构

体育运动是一个大而复杂的系统，系统内涵盖的要素众多，正是在这些要素的相互配合与协作下，体育运动才得以健康持续地发展。在体育系统中，体育组织机构起着至关重要的作用，一定程度上推动着体育文化的可持续发展。

在当今社会背景下，人们要想参加各种社会活动必须要有一定的组织机构，否则就无法进行。在体育活动中也是如此，体育活动属于人类改造自身、促进社会发展的活动，其发展离不开运动竞赛组织、各种官方或民间的体育组织等机构，这些组织机构都属于体育制度文化的重要组成部分。

体育组织机构的建立首先要做好充分的调查，要结合当时的社会背景，深入了解某项活动成立组织机构的重要性、必要性及其需求，才能设置具有针对性的体育组织机构，才能保证体育活动的顺利开展，从而促进整个体育文化的发展。

2．人的角色、地位以及各种体育活动的组织形式

在社会上，人们扮演着各种各样的角色，这些角色不仅是由人的能力差异决定的，也是基于各种社会活动组织形式的需要。对于体育运动而言也是如此，如比赛裁判、教练员、运动员等角色，和各种比赛赛制等都属于体育制度文化的重要内容。一名运动员在比赛场上是运动员，在家庭中则扮演子女、父母等角色，这些角色不能独立存在，只有在一定的组织形式的制约下才能实现其功能。与一般的角色相比，运动场上的角色具有更大的自由性和灵活性，如足球比赛中，一方运动员因为受伤而下场，可以被替换，一方门将被罚下，可以由其他队员替代，这些角色的转换充分表明体育运动中运动员角色转换的自由性。

但需要注意的是，运动员在比赛场上，其角色区分和变化需要有一定的原则，如技艺不高或号召力不强的运动员难以承担队长的角色。某些比赛制度在某种特殊情况下会因为参赛队伍的变更而有所改变，但大多数时候都是稳定的。

3．各种体育原则及体育制度等

大量的实践与事实表明，各种体育组织机构、体育组织制度等都是推动体育文化发展的重要因素，正因如此，体育运动团体才能获得健康顺利

的发展。各种体育制度、体育组织机构等是在长期的体育实践过程中逐步建立和形成的，如运动训练管理制度、运动竞赛制度等。这些制度能保证体育赛事活动良好地运行。因此，要想保证体育赛事活动的顺利进行，建立一个健全完善的体育体制是尤为重要的。为促进我国体育文化的发展，我们要从改革这一层次入手，时刻做好体制转换和机制转轨的工作，做好处理各种困难问题的准备。

在体育文化系统中，体育制度文化与体育物质文化、体育精神文化有着很大的不同，伴随着体育运动的不断发展，体育制度文化内容也越来越丰富。如影响力巨大的奥运会、足球世界杯等，参与这些赛事活动的人越来越多，受到整个世界的极大关注，这表明体育制度文化具有极大的丰富性和影响力。

（二）体育制度文化的特性

一般来说，体育制度文化主要具有以下几个方面的特性：

1. 连续性

体育制度文化的内容非常丰富，这些内容会随着体育运动的发展而发展，其中一些重要的内容会得到不断的传承，如古代奥运会中的一些比赛规则，至今还能见到其中的影子；足球比赛中的越位规则是一项伟大的发明，一直沿用至今。

2. 内化性

在体育运动中，某些体育制度文化可以内化深入个人的意识，促使人们产生积极的自觉行为。如在足球比赛中，一方球员受伤倒地，对方将球踢出场地，在受伤队员返回场地后主动将球送回对方。这就是体育制度文化的内化性表现。

3. 时代性

体育制度文化有很多层次，其中最高层次受政权机构和社会制度的影响最大，在政权机构及社会制度的变更下，这些制度文化也会因此而发生变化。由此可见，体育制度文化体现出重要的阶级性特点。如职业体育俱乐部是资本主义的产物，它随着资本主义的发展而不断发展。

4. 俗成性

约定俗成性也是体育制度文化的一个重要特点，这种特点主要是在人民群众中约定俗成的，参加各种体育活动的人群是集体无意识的，如各种民俗体育活动大多就是约定俗成性的。

三、体育精神文化

（一）体育精神文化分类

体育精神文化是人类围绕体育或依托体育而改造主观世界的活动方式及其全部产物。总的来说，体育精神文化主要有以下几个部分：

1. 思想观念及理论体系

人们参加任何活动都会受到一定的约束和限制，在参加活动的过程中会受到一定思想观念的指引，体育学科就是在这样的思想观念指引下形成的。如体育经济学研究体育经济现象及规律；体育史学揭示人类体育运动的发展历程与规律；体育社会学阐释体育与人类社会的各种关系等。

以上这些都属于体育精神文化的重要内容，对人们认识与了解体育具有重要的意义和作用。

2. 物质内涵和行为准则

俗话说"无规矩不成方圆"，人们参加任何体育运动都需要遵循运动的基本规律和比赛规则，否则就会受到一定的"惩罚"。体育精神文化本身属于一种身体活动行为，它与体育文化的另外两种形态之间的关系非常密切。如体育服装、体育选材等都属于这一层次的体育精神文化。我们在谈论一件运动服装的质地、颜色时，主要涉及体育物质文化层面，而在谈论体育服装的审美时，涉及的则是体育精神文化。当在谈论穿着这件运动服装进行运动训练时，其外在的运动形式涉及的是体育物质文化；而当探讨训练方式与沟通手段时，涉及的则是体育制度文化。

3. 各种想法和打算

物质文化和精神文化属于同一等级的关系，在人类社会发展中都起到至关重要的作用。但是，他们在改造人的主观世界的过程中有着较大的差异。文学和艺术属于精神文化的重要内容，这些内容源于人类对精神世界的需求，属于意识形态领域的文化，改造着人们的精神与思想观念。而在传统的思想观念下，体育文化则不被认为具有精神意识的作用，但随着现代社会的发展，人们对事物的认识更加深刻和透彻，人们逐渐认识到体育文化也同样具有改造人类主观世界的重要作用。

因此，体育道德、体育思想等体育精神文化都能通过体育这一形式改造人们的精神世界，对推动体育文化的发展具有十分重要的意义。

4. 体育艺术文化

在整个人类社会中，人们认识与改造世界，不能只靠物质和精神这两种形式，还有精神物化的产物。这些精神物化的产物与人类的情感之间的联系非常密切。如体育小说、体育电影等都归属于体育精神文化的范畴。这些事物涉及的主要是它的精神文化层面。

综上所述，体育精神文化是指体育活动中依附的科学、心理、道德规范、哲学、审美观念、文学艺术等思想意识形态的总称。在整个体育文化体系中，体育道德、体育科学、体育哲学、体育艺术等都属于人们意识形态的反映，属于体育精神文化的重要组成部分。如传统武术号召人们修身养性，就是体育精神文化的具体体现。

（二）体育精神文化的特性

1. 沟通性

众所周知，体育文化的传承与发展需要一定的途径，其中笔录书写、语言交流都是常见的方式。随着现代社会的不断发展，多媒体传播途径的利用越来越普遍。

体育文化在传播的过程中，在很大程度上是传导体育主体精神和意识，这是体育精神文化发挥功用的重要方式之一，也是体育精神文化沟通性特点的具体体现。

2. 内视性

在体育运动领域，人们对不同的体育文化有着独特的见解与看法，人们对体育文化或某种体育现象的评价或者对体育文化的欣赏都构成了体育主体精神的内视领域，这突出体现了体育精神文化的内视性特点。

3. 积累性

积累性也是体育文化非常重要的特点，这一特点主要有积极和消极两个方面，积极方面主要是指优秀的体育精神文化的传承能够推进体育文化的进步，消极方面则是指落后的体育精神文化将会阻碍体育文化的发展。

在整个体育文化发展的长河中，积累性的特点非常明显，人们要充分认识到这一点，按部就班地推动体育文化的发展。

第二章 体育文化的演进与发展概况

当今，体育文化的内容越来越丰富，这与其长期的演进与发展是分不开的。在历史的长河中，体育文化与其他社会文化现象不断交融，成为推动社会发展的重要力量。本章重点探讨体育文化是如何演进并获得可持续发展的。

第一节 古代体育文化的演进与发展

一、武艺的发展

（一）拳术

据史料记载，拳术是从角力衍生出来的一种徒手攻防格斗形式，这一格斗形式近于摔跤与拳击，对抗比较激烈，同时又具有一定的观赏性。发展到西汉末年，拳术成为一种表演项目，深受当时人们的喜爱。

（二）剑术

佩剑在战国时期非常流行，这一习惯一直延续到汉代，这一时期的舞剑和斗剑风气更加盛行。佩剑既美观又便于健身防身，因此深受当时人们的推崇，不少文人学士随身佩剑，与剑结下了不解之缘。在《汉书》中："司马氏在赵者，以传剑论显"，东方朔"十五学击剑"，司马相如"少时好读书击剑"等记载，比比皆是。由此可见，剑术在当时非常受欢迎。据相关史料记载，魏文帝曹丕是一位击剑能手，他曾经在著作中介绍自己学剑的经过和拜师的历史。剑术在当时十分流行的又一个例证是，当时经常举办各种各样的击剑比赛。

（三）射术

在古代，射箭主要分为"射礼"和"战射"两种形式。发展到秦汉时期，射礼逐渐衰弱，战射越来越受到重视。它要求射得远，命中率高。这一活动在民间也逐渐发展起来。在《汉书·艺文志》中记载了大量的有关射术的文字。在这一时期，精于射术的人非常之多，在民间也有很多射箭的高手。

到汉代，弩射获得发展，成为军事战争中的重要手段。弩一般有单射和连发两种。这一改进性措施在抗击匈奴的战争中发挥了巨大的威力。发展到三国时期，诸葛亮"损益连弩，谓之元戎""一弩十矢俱发"，对弩的改进作出了突出的贡献。经过一段时期的发展，弩成为一种重要的战争武器，同时弩射也成为人们重要的健身手段。

二、百戏中的体育活动

百戏可以说是我国古代艺术表演、运动竞技的综合表现形式。百戏包括各种各样的内容，深受人们的欢迎和青睐。一般来说，百戏主要包括以下内容：

（一）角试

在发展的初期，角试只是一项军事活动，主要被用来选车徒、教战法、习号令。春秋时期以后，随着礼崩乐坏，"讲武之礼"中的竞赛形式开始被诸侯贵族们引入日常娱乐生活之中，后来逐渐演变成为民间的一种娱乐方式。

（二）武戏

武戏是属于武艺的重要形式，其中包含徒手对抗、徒手对器械的对抗、器械对器械的对抗等内容和形式。

（三）叠案

叠案是一种手倒立表演，有着多种多样的形式，有的在地上，有的在案上，有的在鼓上，有的在行进戏车的高台上，还有一手持物的单手倒立，要求运动者必须具备高超的技能。

（四）蹴鞠舞

蹴鞠舞是踢鞠与舞蹈的结合。一般来说，主要包括徒手踢鞠舞、手持鼓踢鞠舞、边击鼓边踢鞠舞等几种形式，在古代，这一舞蹈形式的体育活动深受人们的喜爱。

第二节　现代体育文化的发展

一、现代体育文化发展的条件

根据体育文化发展的事实，我们可以把体育文化的发展条件归纳为两点：一是人类发展的逻辑观念为其发展创造了充分条件，二是人类社会的演进为其提出了必然的要求。

（一）人类社会发展的观念

在人类社会发展的过程中，各种社会文化现象不断获得发展，在这样的情况下，各类文化现象的意义也更加广泛，这是人类社会文化发展的基本特征。在体育文化发展过程中，人始终扮演着最为重要的角色。因为，无论体育文化如何发展，都始终以人为对象，只有在人类社会的推动下，体育文化才能得到传承与发展。正因如此，体育文化才得以产生并获得不断地发展。

随着社会的转变与发展，体育运动的形式也越来越多样化。从最初的徒手表现到后来各种体育器械的参与，这种变化对于人类社会文化的发展是非常有意义的。

体育文化在发展的过程中，体现出以人类为核心的发展态势，体育运动的发展是为了满足人类自身的各种需求。人与动物之间有着明显的区别，动物为了生存逐渐练就了娴熟的捕食技能，这一技能不能脱离特定的场景，否则就失去了意义。也就是说，动物的本能并不能脱离现实场景去构建运动理论。而人类却不同，人类能够做出超越自身的行为，能根据自身的需要而建立起相对应的运动模式，并且还能在脱离现实场景的情况下去传承与发扬这种文化。

纵观整个人类社会发展的历程，体育文化与人类进化之间的关系非常密切。随着人类社会的不断发展，体育文化也得以形成与发展，可以说人类的发展是体育文化发展的重要基础。人类使用各种自然工具为体育文化创造了物质基础，而原始人类的各种祭祀等活动则为体育文化创造了精神基础。除此之外，随着社会生产力的逐步提高，人们的思想观念和意识也不断进步，这也在一定程度上促进了体育文化的不断发展。经过各个时期的发展，体育文化从其他文化形态中剥离出来，成为一种独立的文化形态。

（二）人类社会的演进与发展

在人类社会发展的早期，人与自然环境之间的关系非常和谐，处于非常稳定的局面。但随着人类社会劳动生产力的提升，人们对大自然的改造力度越来越大。同时原始社会中那些相对封闭的空间逐步被打破，经过一段时期的发展，逐渐形成了体育活动地域性与民族性的特点。这与人类社会的发展与改革是分不开的。后来，在工业文明的变革下，人类社会发生了相应的变革，体育文化正是在这样的历史背景下获得了迅速发展。

伴随着现代科学技术的发展，体育科学研究范围不断扩大，人体、各种运动形式等都成为研究的对象和热点，通过广泛而深刻的研究，体育理论研究成果非常显著，这就为体育文化的形成与发展创造了必要的理论基础。而在体育运动不断发展的背景下，体育不再是少数人的"专利"，体育成为社会大众的一种重要休闲方式，这就为体育文化的传播与发展奠定了良好的群众基础。在这样的形势下，体育文化得以广泛传播与发展。

伴随着现代社会的不断发展，体育文化内容也得到了相应的补充与完善，体育文化中所包含的原始性内容逐渐减少，更多的是被现代体育运动内容所取代。但需要注意的是，体育文化的一些原始性内容也有一些有益的成分，在体育文化发展的过程中，不能搞"一刀切"，不能一味地排斥原始体育文化内容，要吸收与借鉴其中有益的成分，这样才能更好地推动体育文化的可持续发展。

在体育文化发展的各个历史时期，各种工业革命、文化革命、科学革命都在其中发挥了极为关键的作用。正是由于这些"助推器"，体育文化才得以更好地传播与发展。在现代科学技术高度发展的今天，体育文化也充满了发展的活力。各种高科技手段的介入与利用，赋予了体育文化新的内涵，世界各国的体育文化逐渐散发出现代化的气息，这说明体育文化的发展是与现代社会的发展同步进行的。总之，体育文化的发展并不是孤立的，其发展极大地推动了社会的发展与进步，反过来现代社会的发展也推动了体育文化的进一步发展。

二、现代体育文化发展的表现

（一）体育的演进历程与体育文化的发展

1. 人类社会的演进对体育提出了必然要求

随着现代社会的不断发展，各种社会关系越来越复杂，但是人与人以及人与自然环境之间的关系却是相对稳定的，在生产力逐步提升以及余暇时间不断增多的情况下，人们开始注重生活的质量，于是从事各种艺术和军事的职业人士开始出现。在传统社会背景下，人们的生活空间受到一定程度的压缩，在封闭的条件下，体育活动的地域性、民俗性、宗法性等特点就逐步形成了。后来，随着工业革命的进行及现代社会的变革，人们的体育活动也发生了较大的改变，体育逐渐成为人们的一种生活方式，渗透到了社会的各个角落。在科学技术进步的推动下，体育科学研究也得以迅速发展，目前关于体育运动方面的学术研究日益增多，这为体育文化的发展奠定了坚实的理论基础。随着时代的不断发展，体育呈现出大众化发展的趋势，深深影响着人们的日常生活。

发展到现在，体育文化的特点越来越鲜明，成为独具特色的文化现象。第一，随着现代社会的发展，体育文化中的原始部分内容逐渐消退，现代化的元素逐渐增多；第二，新的民主和平等观念深入人心；第三，体育文化的科学性更加浓厚，获得可持续发展；第四，体育文化的发展难免遇到一定的困难和挫折，但不论如何都不会停下脚步，始终是向前发展的。

如今，体育文化的内容日益丰富，形式也越来越多样化。在体育文化发展的过程中，科学技术为文化的传播创造了良好的条件，政治和经济成为体育文化传播重要的推动力量，体育文化因此得以迅速地传播与发展。

当前高科技手段在社会各个领域都得到了广泛的利用，在体育运动中也是如此，在各种大型体育赛事或体育表演活动中，高科技手段都参与其中，并发挥着重要的作用，可以说这些高科技手段在一定程度上改变了体育文化本来的面貌，赋予了人类体育文化新的时代内涵。

2. 人类发展的逻辑为体育创造了充分条件

人类在生产与生活的各种活动中，逐步孕育出体育文化的种子。体育运动的形式并不是一成不变的，随着时代的发展和变化，体育文化也会随之改变。最初的体育形式以徒手表现技艺为主，后来随着社会生产力的不断发展，使用体育器械的运动形式大量出现，这对于人类本身及体育文化的发展而言都具有深远的影响和意义。

纵观整个人类社会的发展历史，出现的各种形式的体育文化，其主要目标都是使人的驾驭外在工具的能力得到有效提升，从而促进人类社会的不断发展，而在人类文明发展的过程中，体育文化在其中扮演了非常重要的角色，这突出表现在以下几个方面：①在历史长河中，人类意识的进化促进着体育文化的不断发展；②体育运动的发展，伴随着体育运动器械的发展和进步；③体育运动由初期的形式单一的活动内容向成熟体系发展；④体育运动由初期的与其他文化形态的混合发展，向后来独立性的专业化方向发展，并因此逐渐形成独特的体育文化体系。

综上所述，体育文化就是在这样的背景和形势下，逐渐成为现代社会的重要组成部分，并获得进一步的丰富、完善和发展。

（二）现代体育认识与掌控的发展

科学、哲学、艺术等都是人类知识结构中的重要内容，拥有这些方面的知识就等于拥有了打开世界大门的钥匙。在人类所创造的各种文化现象中，体育文化在其中也扮演了非常重要的角色。但随着社会的发展和进步，人们逐渐意识到这种认识的局限性，开始综合运用教育学、哲学、社会学、人类学等多学科理论知识来认识体育运动，这样对体育的认识就更加客观和深刻。第二次世界大战之后，体育的文化特性逐渐被人们所广泛认同，体育被认为是一种社会文化活动。发展到现在，体育与艺术之间的交融为人类从更高的"艺术"层面来分析体育特质创造了良好的条件，体育的人文形象也不断加深，体育人文属性更加深刻。

体育的人文属性充分展现了自身与人类精神实质的契合，随着认识水平的不断提升，人们开始从多角度、多层次对体育展开细致的研究与分析。随着社会的不断发展，人们对体育的认知水平也不断提升。我们要本着整体发展的眼光看问题，不仅要看到体育的外在表现形式，同时还要看到体育运动中所蕴含的深刻的文化含义，树立体育人文观念，推动体育文化的健康发展。

综上所述，人类文明是不断向前发展的，伴随着人类文明及社会文明的发展，各种社会文化事业也得以发展，体育文化也不例外。社会文化的发展主要对体育运动技术、体育教育属性等方面的发展起到了重要的作用。

如今在现代社会发展的背景下，体育开始由社会教育观向文化艺术观转化，这是体育发展的必然趋势。

（三）现代体育组织与管理的发展

现代社会是一个快速发展的社会，为了跟上时代发展的步伐，促进体育文化的发展，人们需要具备丰富的文化知识储备，同时还要有符合现代社会发展需求的创新思维。在我国社会主义现代化建设的今天，作为精神文明的重要内容，我们要重新审视体育文化，结合时代发展的形势，实现体育文化自身发展的良好转变。新的时代需要创新思维，我们不仅要培养和提高人们的体育知识与能力，而且还要帮助人们养成良好的体育思想意识与行为习惯，从而提升体育综合素养。发展到现在，各种体育组织大量出现，形成了一个相对完善的组织与管理模式，这对于体育文化的健康发展是非常有利的。

总之，体育不仅是一种社会文化现象，还是一种带有生物、物理、教育性质的社会活动，随着时代的不断发展，体育已深深融入人们的日常生活，并成为不可缺少的社会文化内容。不同国家或地区的机构或组织对于体育的组织与干预，要切实把握好体育文化发展的规律，客观理性地去处理体育文化的相关事务，这样才能推动体育文化的可持续发展。

第三节　体育文化产生的动因与发展走向

一、体育文化产生的动因

（一）体育文化产生的动因

研究体育文化产生与发展的动因对于促进体育文化的可持续发展具有重要意义，在原始社会时期，人的身体活动主要有三种：一是生产活动，如人们为了满足生存的需求从事的捕鱼、狩猎等活动；二是人们在与大自然斗争中所形成的各种运动技能；三是满足人们精神需要的各种游戏或娱乐活动等。实际上这些活动并没有什么明显的区别，有时候难以区分开。但人都是其中最关键的因素，与社会的发展息息相关。因此，我们在研究与分析体育文化的起源时，要重点考察人的因素。

心理学理论认为，人们参加任何活动或产生某种行为都有一定的动机。动机可以说是人们做出某种行为或活动的重要内动力。在一定的欲望和动机下，人们就会相应地做出某种行为。这是被大量的实践所证明的事实。

大量的实践与事实表明，需要是人们产生某种行为活动的重要根源。为了求生存，人们便开始了各种生产劳动，为了沟通与交流，语言文字便得以诞生。因此说，"需要"是人们参加一切活动或产生某种行为的重要动因。但需要注意的是，"体育产生于人工的生产劳动"，这一说法并没有什么过错，但这一说法也不是全面的，因为人们在社会上生存，不仅需要劳动，还需要生活，需要情感的表达等，这与动物之间有着明显的区别，这说明体育产生于人们的社会需要。总之，人们参加各种社会活动和生产劳动，都需要一个健康的身体，体育可以说既产生于人们的生产劳动，也产生于人们的社会活动。

（二）体育文化产生的社会根源

1. 体育文化产生于人们的社会需要

人们的需要是多种多样的，如促进身体健康的需要、完善心理的需要、获得娱乐的需要等，正因为人们多种需要的存在，体育文化才能获得发展。在人类社会发展的各个时期，充满了各种斗争，正是由于这些斗争的推动，体育文化内容才得以不断丰富，获得了持续的发展。

2. 体育文化起源于人类的劳动

人类社会的发展与人们的生产劳动是分不开的，正是由于人类的生产劳动，各种社会事物才得以不断发展和进步，体育文化这一社会现象也是如此。需要注意的是，人类的文学、语言等活动也是来源于生产劳动，在具体的研究中，要将体育活动与其区分开来。

在原始社会条件下，人类要想生存，必须要获得一定的运动技能。最初，手的形成是人类的一大进化，为实现征服大自然，更好地生存的目的，在长期的生产劳动中，人类的手型及其他部位逐渐发生了一定的变化，手、腿和脚都可以运用各种劳动工具展开各种生产活动。这是一种超越生物肢体的行为，与动物之间有着本质的区别。在这样的情况下，人类体育运动得以诞生，进而体育文化也就孕育而生。

总的来说，人类的超生物经验主要包括各种知识与技能的掌握、内心情感体验等内容，这些内容与动物有着明显的区别，是人类区分动物的重要标志。随着人类社会的不断发展，处于社会发展中的人们，其劳动与生活经验越来越丰富，这些经验在不同地区之间获得了一定的传播。在语言产生之前，体育文化的传播与发展主要依靠经验的交流，这就是体育文化发展的根本原因。

3. 体育文化同体力劳动有着一定的差别

体育运动并非一种劳动，它是一种以人自身的活动改变人自身的自然属性和社会属性的活动。在体育活动中，主体和客体是统一的整体。通过参加各种各样的体育运动，能产生良好的锻炼效果和价值。因此，体育文化自产生之日起就成为社会上层建筑的一部分，成为社会文化的重要内容。

二、体育文化的发展走向

（一）东西方体育文化相互交融与发展

伴随着全球一体化的发展，体育文化也获得了快速的发展。在全世界各体育组织的共同努力下，竞技体育与群众体育的融合越来越密切，东西方体育文化之间的沟通与交流更加紧密。

在西方竞技体育影响我国传统体育的同时，我国传统体育中的一些观念和理念也相应地传到了西方，并对他们的体育文化产生了一定的影响。如中国传统体育倡导的自然养生观、动静相关论等观念也在一定程度上被他们所接受，实现了很好的互动与发展。

实际上，东方与西方体育文化并不是孤立的两个部分，它们都是人类共同创造的产物，都属于一种社会文化现象，只不过是在形式、内容方面存在一定的差别，具有独特的个性。但正是这种差异的存在，才促使其获得了相互沟通与发展的动力。目前，大多数学者逐渐意识到东西方体育文化只是特点不同，并没有什么优劣之分，而且二者趋同的趋势日益明显。随着全球一体化的发展，东西方体育文明必将产生更大的碰撞与发展，只有双方加强彼此间的沟通与交流，才能获得更进一步的发展。

（二）多元价值功能的交融与分殊

目前，体育运动获得了高度化的发展，尽管如此，体育运动本身具备的功能也没有得到完全的发挥和利用。而随着时代的发展，人们对体育文化的认识会更加深刻，体育文化的多元化价值与功能也必将充分挖掘与开发出来，从而推动社会的不断发展。

1. 健身、娱乐、交往、养生功能的融合

现代科学技术在带给人们实惠与便利的同时，也给人们带来了一些负面影响。在这样的情况下，人们开始重视自身身心的健康发展，体育运动促进身心健康发展的价值得以被人们重新审视。如人们参加高尔夫运动，既是人际交往的需要，又是强健身体的需要，同时又有娱乐身心的目的。所以说，体育运动很好地满足了人们的多种需求。

2. 竞技与健身分流

发展到现在，社会分工越来越精细，而在体育运动领域，伴随着体育赛事的出现和不断发展，社会上也出现了相关的职业。竞技体育与健身开始逐渐分流，获得了高度化的发展。要想在竞技体育的道路上取得成绩，必须要经过长期的艰苦训练，正是在这一驱动下，越来越多的人投入到竞技体育训练之中，因此竞技体育必将得到更加迅速的发展。

随着竞技体育的不断发展，其在社会上的影响力也不断扩大，在这样的情况下，人们对体育运动的偏见发生了一定的改变，如今人们深刻认识到体育锻炼对于身体健康的重要性。他们以追求生命的质量和个人的自由为目的，参与或简单或复杂的运动，来促进自己的身心健康，在整个体育运动中蕴含着不同阶层、不同年龄、不同性别的体育追求。

（三）运作方式的多样化

随着现代社会的不断发展，人类认识世界的方式和手段越来越多元化，主要包括科学的与哲学的、审美的与艺术的、宗教的与信仰的等多个方面。但不论是哪一种手段和方式，它们都不是截然分开的，而是一个统一的整体。在未来的发展中，体育文化必将更加多元化，其运作方式也更加多样化。

1. 体育艺术化趋向：与文艺的日渐交融

体育与艺术之间的关系非常密切，体育艺术化的趋势主要体现在体育文艺方面。人类社会文化是在不断分离、融合、再分离、再融合中发展的，体育文艺的出现大大改变了人们的体育价值观，传统的"舞蹈"与"体育"观念逐渐被抛弃，新的"人体文化"诞生，伴随着社会的不断发展，舞蹈与体育逐渐融合成为一种新的社会文化现象。因此说，体育与文艺的交融

越来越明显。

2. 机械型运动竞技：与科技的逐步融合

发展至今，竞技体育获得了非常快速的发展，其中一个非常重要的原因就在于现代科学技术的推动。科学技术具有无比强大的力量，它将体育竞技带入了一个前所未有的新发展阶段。这不仅表现在各种体育物质产品的创新上，如高科技跑鞋、游泳衣的研发等，还突出表现在各种先进的科学训练手段的运用上。这些高科技的发明都极大地推动了竞技体育运动的发展。通过这些竞技项目的发展，我们可以预见这些机械型的竞技运动项目必将在现代科学技术的带动下获得更进一步的发展。

3. 绿色体育休闲：与环境的日益和谐

现代社会竞争越来越激烈，人们承受的压力也越来越大。人们为了缓解疲劳，获得身心的愉悦，倾向于在余暇时间选择参加各种休闲体育活动，如各种球类运动、轮滑、滑板等。通过这些休闲体育活动，人们能从中获得快感和满足。近些年来，户外运动在世界上比较流行，如攀岩、野营、漂流等深受热爱健康的人们的喜爱，在与大自然亲密接触的同时，人们还从中获得了愉悦的身心享受，促进了人与自然的和谐发展。所以在现代社会发展的背景下，倡导绿色休闲体育活动逐渐成为人们的共识。北京冬奥会提出的"绿色奥运"就是这样一种重要的观念。但现代高科技的发展在一定程度上给自然环境带来了一定的破坏，在今后我们要权衡二者之间的关系，不能牺牲自然环境来促进体育运动的发展，而是要实现人与自然、体育与自然环境的和谐发展，因此说绿色体育休闲活动成为体育文化的一个重要的发展方向。

（四）实施空间的拓展

1. 城乡空间的拓展

随着现代社会以及科学技术的不断发展，体育文化迎来了良好的发展契机，这突出表现在城乡发展方面，随着时代的发展和进步，城乡体育运动的发展空间会越来越大。

（1）随着体育事业的发展，我国政府部门加强了体育基础设施建设，这为广大的人民群众参加体育锻炼提供了良好的物质基础，通过参加各种各样的体育活动，人们的身心素质得以发展和提高。

（2）现代社会的发展丰富了人们的生活方式，体育以独特的优势成为科学、文明健康的生活方式最佳选择，因此如今社会上的体育文化氛围非常浓厚。

（3）体育文化之于整个社会文化的发展具有重要的意义，通过体育文化的传播与发展，整个城市的精神风貌能得到很好的展现，同时城市文化也获得了健康快速的发展，这是体育文化传播功能的重要体现。

除此之外，伴随着城市体育的发展，农村体育也获得了一定程度的发展。农村体育与城市体育之间的交流更加密切，这为促进农村体育运动的开展提供了良好的条件，农村体育的发展能极大地丰富农民的精神文化生活，这对于我国社会的和谐与稳定也具有重要的意义。

2. 民族体育文化与世界体育文化的交融

在全球一体化发展的今天，任何事物的发展都不是孤立的，都与其他社会文化现象存在着某种联系。体育文化的发展也不例外。世界上各个国家都有自己独特的民族体育文化，这些体育文化并不是孤立存在的，尽管各个国家的体育文化受各种客观因素的影响而存在着一定的差异，但是这些体育活动的本质与价值是相通的。伴随着人类文明的进一步发展，世界各国和地区的体育文化会打破地域性限制，不断获得彼此间的交流与发展，从而走向一体化。

总之，在全球一体化发展背景下，各个国家之间的民族体育文化也不断对外传播与发展，各国家独特的体育文化相互碰撞与交流，擦出交融与发展的火花，不断推动着体育文化全球化的发展。而这种全球化发展的态势反过来又为各国的民族体育文化提供了更加广阔的舞台，世界体育文化从而获得了飞跃式的发展。

（五）体育文化逐步向商业化发展

在整个人类社会发展过程中，其发展主要是以是否有利于生产力的发展为标准，最终表现为政治与经济的稳定发展，尤其是在现代社会中，经济条件更加重要，可以说只有经济得到了发展，社会其他方面才有可能获得发展。

如今人们已经很难离开体育运动，体育人口越来越多，这深深说明了体育运动具有强大的影响力。参加体育运动不但丰富了生活方式，而且使人们获得了某种审美观念和精神享受，与此同时，我们更应该从体育运动给人们带来的利益去思考，而以往我们更多的是从哲学意义上去分析，发展到现在，体育文化的经济价值、商业价值日益凸显，也越来越受到整个社会的广泛关注和重视。例如，体育文化在带给人们某种审美情趣的同时，也加强了彼此之间的沟通与交流，使人们获得了巨大的精神力量，这是体育文化无可比拟的优势。随着体育运动的不断发展，大量的体育赛事层出不穷，体育运动开始进入产业化与市场化发展的轨道，在这样的背景下，体育赛事举办方与商业媒体等的合作难免会在利益分配方面出现一定的冲突，由此可见，体育文化不仅只有"社会效益"，同时也存在着经济利益，尤其是在市场经济发展的今天，体育文化的商业化发展趋势越来越明朗。

（六）体育文化逐步向人文化方向发展

体育文化有着悠久的历史，历经各个时期的发展，体育文化才呈现出如今这一发展形态，体育文化可以说是一种人文文化形态，同时也是一种重要的社会文化现象，其发展始终都展现出浓厚的人文精神。随着人们主体意识的觉醒，体育文化更加彰显出人文本质、人文理性和人文精神，在将来的发展中，体育文化的发展将会更加贴近大众文化生活，不断满足大众体育文化的需求，并提升大众的体育文化品格。

因此，在未来体育文化发展过程中，我们首先要不断完善自身，用新理念、新知识完善自己，提高自身的综合素质，与此同时，还要不断增强体育工作者的责任感，这样才能更好地推动体育文化的可持续发展。

第三章 体育文化的社会发展研究

第一节 家庭体育文化及其发展

一、家庭体育文化的特征

家庭的特征主要是从家庭的结构和家庭生命周期两个方面来体现的，家庭结构简单来讲就是指家庭的构成，既包括代际结构，也包括人口结构，并且是二者组合起来的统一体。而家庭生命周期反映的则是一个家庭从形成到解体呈循环运动过程的范畴。

（一）普遍性与群众性

人们在闲暇时间内，参与体育活动的一个重要选择就是家庭体育。在对我国全面健身体系进行构建的过程中，家庭体育文化所发挥的作用极大，它能够将自身独特的优势发挥出来，动员所有家庭成员，最终实现每家每户参与到全面健身活动中，其他体育形式无法达到这样的广泛性。健身活动与亲情力量的融合在家庭体育中特别明显，因此家庭体育这一体育形式表现出强烈的亲和力。在当今社会，人们越来越重视健康运动，而家庭体育作为一种最重要的手段和方法，最具普遍性和群众性。

（二）内容丰富、形式灵活

家庭体育是人们日常生活中的一种活动，家庭成员可以在余暇时间自由进行锻炼，自我欣赏，内容多姿多样、丰富多彩。常见的家庭体育活动内容主要有晨练、晚间散步、休息日户外活动、各类运动项目的健身活动和健身游戏、老年人的广场舞、儿童的体育游戏等，可见家庭体育文化的内容是丰富多彩的。

由于家庭体育是一种群众性体育行为，是以家庭为单位的，因此家庭体育活动对每个家庭而言都能够独立举办，可见家庭体育的独立性与自主性较强。家庭成员能够对自身的业余时间充分加以利用，以科学合理的体育运动方式，有目的、有计划地对其他家庭成员都感兴趣的或都擅长的体育活动进行参与，丰富家庭成员的闲暇生活，使家庭成员的体育需求得到满足。

（三）时间自由

家庭体育是一种比较自由的体育活动形式，这种自由首先表现在时间选择的灵活性上。家庭体育可以选择在余暇的任何时间来进行，完全受家庭以及个人的自由支配。例如，一个家庭的体育活动既可以利用节假日休息的时间来进行，又可以在每天下班的时间安排一些比较简单、利于放松的体育活动。

（四）场地随意

家庭体育的开展对场地与器材没有很高的要求，因此场地器材对其的限制性很小，可见其随意性很强。庭院、家庭周围空地、野外等场所都可以举办家庭体育活动，从而使公共体育场地设施的不足得以弥补。例如，锻炼者能够因地制宜地举办家庭活动，将自己家里的庭院和周围的空地充分利用起来，这样不但能够健身，而且能够将体育锻炼场地缺乏的问题得以解决，而且对社区体育活动的开展也较为有利，对我国全民健身具有良好的影响和作用。

二、家庭体育文化的功能

（一）一般功能

家庭体育的一般功能主要包括个体功能和社会功能两个方面：

1. 个体功能

家庭体育的个体功能主要表现在以下几点：①强身健体；②提高生活质量；③促进智力发展。从事家庭体育活动既可以增强人的体质，奠定人的智力发展的良好物质基础，还可以在体育锻炼的过程中磨炼人的意志，有利于优良的意志品质的养成；④培养人良好道德品质。

2. 社会功能

家庭体育的社会功能主要表现在以下几个方面：①增强社会凝聚力；②有助于社会物质文明与精神文明建设；③能够更好地促进社会的和谐发展。

（二）特殊功能

家庭体育的特殊功能表现在以下几个方面：①能够形成健康的生活方式；②丰富人们的业余生活；③有利于家庭和睦；④有利于推动全民健身，促进终身体育的发展。

三、家庭体育文化的建设现状

（一）家庭体育人口结构与体育设施现状

体育人口是指在一定时期一定地域里，经常从事身体锻炼与娱乐，接受体育教育，参加运动竞赛，以及其他与体育事业有密切关系的具有统计意义的一种社会群体。体育人口是衡量一个国家社会经济发展和社会体育发展水平的重要指标。

尽管我国体育锻炼参与者的绝对数量持续增长，但相较于发达国家，我国定期参与体育锻炼的人口比例仍显著偏低，这意味着我国有必要强化体育锻炼的推广工作，并采取措施进一步提升人们参与体育活动的程度。

体育人口与家庭收入有关，与个人经济收入并没有固定的关系，且基本呈正比关系，也就是说收入越高，体育人口就越多。在体育人口的分布上，三口或四口的核心家庭，体育人口分布最多。

随着广大人民群众对体育健身需求的日益增长，与之相应的则是体育设施的改善。近年来，我国体育场地与设施都在不断增加，社会体育指导员的规模也日益壮大，这些都说明，体育人口和体育设施的发展状况在一定程度上反映了我国家庭体育的普及情况。

（二）家庭体育的项目选择现状

家庭体育运动项目是家庭体育锻炼的主要内容，它是人们进行身体锻炼和身体娱乐的手段，并可以反映出人们运动行为的选择倾向。改革开放以来，随着社会经济的发展，在主旋律基础上的多元化文化选择，不仅影响着人们的思想观念和行为方式，同时也影响着人们的体育活动，使之在家庭运动项目的选择上呈现出传统与现代并举，健身与娱乐同行，商贸旅游与体育联姻的新局面。

家庭体育在项目的选择上受到多方面的影响，如不同地域、不同气候，不同的民族和文化传统、不同的经济发展水平等。一般来说，南方和北方不同、少数民族与汉族不同、落后地区与发达地区不同。但是总体上来说，我国家庭体育活动内容还是相当的广泛，几乎囊括了所有的体育及休闲项目。

从具体项目的选择上来看，我国家庭体育的活动内容呈现出多样化的发展现状。乒、羽、网等小球类以及田径类等是我国居民从事家庭体育活动的主要内容。这是因为乒乓球、羽毛球等小球类项目对场地要求不高且方便，田径类的项目不需要很大的经济投资，而且不需要专用场地，既方便又实惠。

从项目性质上来看，家庭体育的主要内容也多样化，主要包括：休闲与观赏活动、户外体育与娱乐活动、肌肉的力量性锻炼方法、有氧运动的耐力性锻炼方法、伸展运动的灵巧性锻炼方法、医疗体育及运动处方、营养保健与心理卫生知识、家庭健身器械等。

（三）家庭体育活动时间与空间现状

人们生活的时间结构主要由三部分组成，即工作时间、余暇时间和生理必需时间。对余暇时间的支配是对一个人的爱好、兴趣以及生活规律和生活方式等方面的反映，同时又反映了社会的物质文明与精神文明程度。

一般来说，家庭体育的活动时间都是在余暇时间进行的，因此余暇时间是人们参与家庭体育活动的保证。家庭体育锻炼与工作压力大、生活节奏快有一定的关系。

家庭体育的活动空间主要指家庭成员进行各种体育活动时所占据的空间位置和必不可少的活动场所。体育活动的空间分为自然空间和人造空间。自然空间包括山川、江河湖海、高空等；而人造空间则主要包括家庭居室以及体育场馆设施和公园广场等。受经济条件的制约，我国公共体育设施、人均体育场馆占地面积相对较少。家庭成员进行体育活动主要是在自家的居室周围和体育场馆中进行。

随着我国"双休日"以及节假日制度的实行，家庭体育开始由人造空间走向自然空间，户外体育运动成为人们生活消遣的一种方式。高山、湖海、草原、丛林等成为人们户外运动的首选。

（四）家庭体育形式现状

任何集体性质的活动都需要一种组织，同样，体育活动也需要对参与者进行组织。作为一个社会机构或国家机构，这种组织是需要对人力、物力、财力等方面做出投入的；而家庭则凭借天然的关系能随时根据不同情况和需要组织家庭成员进行体育活动。

家庭内的体育组织形式与家庭的结构有一定的关系。通常情况下，三口之家的核心家庭多是全家一起去活动；单亲家庭成员多是父（母）和子（女）一起活动；而联合其他家庭全家一起活动的情况很少见。除此之外，在家庭与外部的联系中，与同事、朋友一起活动最多，其次是与家庭成员一起活动。

人们在日常家庭生活中与家庭成员接触多，关系密切，这为体育进入家庭创造了良好的内部条件。人们在生活中渴望与家人一起活动，但在具体的体育实践中却存在着诸多因素导致家庭成员不能如自己所期望的那样在一起活动，这些因素主要有社会因素、家庭因素、个人因素等。总体来看，首先个人在从事体育活动中占据很大的比重；其次是和朋友、同事一起活动；最后才是和家人一起活动。

四、家庭体育文化的建设路径

（一）培养学生的体育爱好

家庭不仅是学生的第一个教育环境，也是伴随学校教育的另外一个教育环境。在入学前，学生在家庭的教育环境中成长，学生入学以后还是家庭的成员，仍然没有脱离家庭的教育环境。家庭生活的一点一滴对学生的个性发展、兴趣爱好的形成起着关键性作用，其对体育兴趣的培养也不例外。首先，家庭具有体育锻炼的物质条件，如计算机、电视、报刊等，这些是体育信息资源的主要来源。其次，具有各种运动器材，如篮球、排球、羽毛球、足球、象棋、围棋、飞镖、滑冰鞋、滑板、跳绳等。当然，根据不同家庭的经济条件、体育兴趣爱好，这些运动设施的数量、种类是不尽相同的。最后，家庭具有体育技术指导者——父母，学生在没有入学前，父母是学生最早的"体育教师"，和校园体育文化一样，父母在家庭体育文化建设中起到主导作用。在学校，使用过这些设备和受过相关体育技术训练的学生，比没有接触过体育的学生更容易进入学习状态，并且能够很好地掌握学习内容。毋庸置疑，家庭体育文化对校园体育文化建设起到了基础性作用。

（二）加强家庭体育文化意识培养

有许多家长对孩子的教育"重文轻武"，只注重孩子的文化成绩的好坏，而对孩子是否参加体育活动漠不关心，这对孩子的健康成长是非常不利的，因此，要加强家庭体育文化意识培养。首先，要在家庭确立"健康第一"的思想，这与学校体育教育实现对学生运动参与、运动技能、身体健康、心理健康的"健康第一"指导思想是统一的。其次，学校要与家庭互动，加强交流。学校可以以调查表的形式了解孩子在家的锻炼情况，根据调查结果向家长介绍一些孩子锻炼的方法，同时组织家长观看学校的体育活动，邀请家长参加学校组织的交流活动，学校与家长保持积极的交流，鼓励家长为学校体育文化建设出点子、想办法，建立学生家庭体育活动档案，督促学生长期有规律地进行体育锻炼。

（三）创设家庭体育文化氛围

现在的许多家长肯为家庭购买运动器材，却对孩子参加体育锻炼不够重视。没有家长的督促、鼓励和协助，孩子参加体育锻炼的积极性肯定不高。因此，为了使自己身体健康，为了给孩子树立良好的榜样。首先，家长应该积极参加体育锻炼，营造家庭体育文化氛围。其次，家长应该鼓励孩子进行体育锻炼。一个浓厚的家庭体育文化氛围不仅有利于家庭的和睦交流，也有利于学生体育爱好的形成。

第二节　社区体育文化及其发展

一、体育与社区文化的关系

随着城市的不断发展，社区文化建设受到了人们的一致关注和了解，也逐步成为社会体育的主要组成形式。体育文化是社区文化的重要组成部分，有着非常大的象征意义，并且当前我国非常重视和谐社区的建设，因此社区文化中的体育文化越来越受到重视。当前，很多体育学者从不同的角度来对社区体育文化进行了解，并将社区文化建设与新时代的体育发展联系在一起。因此，人们也应对社区体育与社会经济、文化的发展进行分析和探索，并深入了解如何促进社区体育文化建设，分析增强社区居民的身体素质、社区体育与社会主义精神文明建设的关系、社区体育和体育文化素养，并对新时代体育发展的本质要求和社会化、产业化发展道路进行探索。

（一）体育在社区文化中的作用和功能

1. 整合导向功能

社区整合，主要是指整个社区中的所有趋势，都有一种共同的取向，人们在其中有一种参与感、认同感，并且社区中的每种互相依赖关系，都能够突破文化、经济、地域的阻碍，在社会中发生非常重要的作用，共同为构建和谐社区而做出努力。社区整合主要包括四个方面，即文化整合、规范整合、参与整合和功能整合。由于当前社区中居民的构成比较复杂，人们的生长背景、家庭环境、文化背景、工作环境、生活方式、风俗习惯，都有着明显的区别，使得人与人之间有着一定的沟壑，如果缺乏有效的沟通方式，将使得社区中居民的界限非常明显，无法进行有效的互动和沟通。而在社区中以体育活动为载体，能够充分发挥体育运动的作用，让人们的价值观、文化等进行整合，从而有效对社区中的矛盾和冲突进行调整，使得人们能够通过体育活动找到自己在社区中的位置，并且能够在社区中找到自己和群体之间的互动准则，从而使社区关系更加融洽，使社区中的居民都能够按照同样的行为模式和轨道来进行活动，使文明得以延续和发展，体现社区体育文化的整合功能。

2. 心理凝聚功能

心理凝聚，是指在社会系统中，通过心理的力量，能够将每个个体凝聚起来，使其成为一个整体。这种心理凝聚的力量，并不是一种生物的力量，是超越了生理力量的一种黏合剂。社区体育文化就是这样的一种黏合剂，能够用微妙的方式，来对人们的思想感情进行沟通，从而使人们的生活方式和道德情操得以沟通和延续，使得人们的群体意识得以激发，最终使人们的心理能够凝聚在一起。并且，随着城市化进程的逐步推进，城市规模不断扩张，人们的生活空间不断增大，越来越多的人选择走出社区，走入更加广阔的空间中来进行活动。在社区中开展体育健身活动和体育娱乐活动，能够将人们紧闭的心门打开，使人们能够融合进社区这一群体中，从而使得情感有了依附。因此，社区体育文化的这种心理凝聚功能，能够更好地对社区氛围进行融合。

3. 社会沟通功能

社区体育，不仅具备促进人际交往的功能，还能够促进社区与社区、社区与社会之间的沟通和交流。社区体育是社区居民间相互联络、增进感情、加深了解、沟通关系的纽带和桥梁。不过，自从信息技术得到发展之后，人们之间的互动大部分通过网络来进行，足不出户就能够解决生活中的大部分问题，但是，这种方式使人们在进行社区生活体验的时候，一般采用的是被动的方式，人们无法与大自然和外界进行联系，从而人际关系也不断淡化，社会交往逐步减少。各种体育活动的开展，能够让社区与社区之间进行融合，人们走出室内，走向户外，交往空间得以加大，从而创造一种更加融洽的氛围，使人与人之间、社区与社区之间、社区与社会之间的联系更加紧密。

4. 行为规范功能

社区文化体现在社区居民的价值取向、道德评价与感情色彩中，一旦产生并被社区居民认同，便会对社区居民产生影响，规范他们的行为。当社区体育文化的力量把广大成员的思想和行为统一到实现共同目标上时，就会对背离目标的思想、行为产生约束。这种约束机制和力量来自社区体育文化本身。因为社区体育文化一经形成，就具有一种"体育文化定式"，使人们自然而然地按照一定的行为模式去思维和行动，而有悖于这一行为模式的思维和行为就会与此格格不入。以社区体育文化建设促进社区和谐发展的目的，在于减少对居民的外在约束，增强居民自我约束、自我控制的能力。这种规范功能所涵盖的范围有些是法律约束所难以达到和替代的。

5. 协调发展功能

改革是对社会各个层面利益的调整，必然会引发一些新的社会矛盾，而社区往往是这类矛盾和摩擦相对集中的地方。社区体育的调节作用，可以使这些矛盾得到缓解，以实现保持社会稳定、促进社会和谐的目的。社区体育的调节作用强调的是人的自觉调节和自我调节。社区体育要求社区体育管理者尊重人、关心人、爱护人，协调好各方关系，通过丰富多彩的文化娱乐活动和深入细致的思想政治工作，沟通社区管理者与居民之间、居民与居民之间的感情，缓解或消除各种矛盾和不利因素，形成和谐的人际关系。

（二）社区文化对于体育的促进作用

1. 城市社区文化的复合形态促进社区体育向小型化形式发展

城市社区文化由原来的初级形态逐渐向复合形态发展，即城市社区文化的发展模式由政府推动为主向着由市场推动为主、政府推动为辅的方向发展。市场力量的发展和现代技术文明的发展，使广大人民群众获得更多的"自由支配性收入"与"自由支配性时间"，扩大了"自由活动空间"。市场的力量打破了国家对社会生活的全面垄断，也使个人和社会各种力量有可能进入过去由身份制、单位制、行政制等体制所控制与管理的空间，如文化、体育、艺术等过去极具敏感性的领域。特别是近几年来，城市化进程的加快和城市的大规模开发，城市的社区景观文化有了质的改变。在这种情况下，出现了两个较为突出的现象：一是居民生活的"小区"化现象和随之产生的一系列小区生活服务配套问题；二是社区精神文明建设采用以建设"文明小区"为重点的工作路线，以小区为单位的精神文明正在深入，强化了小区文化和小区组织结构。为了适应社区发展的需要，社区体育组织结构也将从"街道"向"小区"层次转化。

2．社区文化活动组织形式的改变促进小区体育组织结构的变革

社区是个地域性的小社会，由于社区居民的个人经历、文化教养、情趣爱好各不相同，其审美格调也大相径庭。非组织化的文化活动很可能造成格调低下的结局，组织化的社区文化活动能够抑制自由放任式的发展，引导它提高层次，但过度组织化的文化活动会造成社区文化本质属性的丧失。同时，行政组织化的社区文化活动也有一个经费的限制问题。政府部门组织社区文化体育活动受到限制。这种发展模式相对忽视了城市社区自治组织的建设，使得社区文化建设的发展步伐相对缓慢而且难以适应新形势的发展需要。社区体育涵盖在社区文化之中，鉴于这种形势下，社区体育的发展也不再完全依靠政府，而是更多地动员社会各方面的力量，促进社会体育事业的发展。同样，小区体育行政管理机构使过去的包办体育向主管体育发展，逐步将主办权转给小区体育组织，突出小区体育组织在开展小区体育运动中的主导作用。小区体育组织利用小区内体育资源、依靠组织成员的力量、自我经营、自我管理、自我服务，加快体育社会化的进程，全面实施全民健身计划。

3．信息化对小区体育建设起到促进作用

随着互联网技术的发展，信息化正在走进城市社区、进入千家万户。社区体育与网络日趋密切的关系，不仅使社区群体的体育生活方式发生了深刻的变化，而且为社区体育建设提供了巨大的发展空间和平台，在促进社区体育文化创建活动中也发挥着重要的作用。当前有许多小区已经实行

信息化管理，其中有很大一部分小区已经建立了自己的网站，在服务小区体育建设中起到了积极的作用，并使小区居民与网络的关系日趋密切，生活方式正在发生潜在的变化。居民在小区信息化建设中表现出较强的参与意识，网络文化也在一定程度上改变着小区居民的生活方式，而体育文化作为网络文化的重要组成部分已经随着信息和互联网在小区群体中的深入，成为小区居民闲暇生活中的重要选择和主流趋势，成为生活中不可缺少的组成部分。

二、社区体育文化的结构、特征与功能分析

（一）社区体育文化的结构

社区体育文化产生于社区这一特定环境中，它是人在体育实践中创造的精神财富和物质财富的总和。作为社区文化的亚文化，社区体育文化就是社区居民的体育生活方式，有着极其丰富的内涵和外延。从这个意义上讲，可以将社区体育文化定义为：社区居民通过参与体育活动，并在体育活动中创造的能够体现居民价值观的体育意识、体育态度和体育方式的总和。

1. 社区体育文化的物质文化层

社区居民通过体育活动改造的自然环境和在体育活动中创造的一切物质财富，都属于社区体育文化的物质文化层，它包括：社区的体育文化设施、体育活动场所、居民的各种健身用品、运动装备等，其特点是可被人感知，是物质实体。在政府的大力支持下，一些先进、科学、简便、实用的健身仪器进入社区，极大地提高了社区人民锻炼的主动性、自觉性和积极性，形成了具有中国特色的健身路径，极大地促进和推动了社区体育和社区体育文化的发展。这些物质形态的社区体育文化的存在，深刻体现了社区体育文化的特色，也见证和记录了我国社区体育文化发展的历史和进程。

2. 社区体育文化的制度文化层

人类为了服务自己，又约束自身，在创造物质财富的同时，也建立起了各种社会规范，这些社会规范隶属于文化的制度文化层面。社区体育文化的制度文化是在社区体育活动中建立起来的一系列的制度规范，如组织制度、组织原则、运动方法、使用说明、行为规范等，其中既包括社区居民在体育活动中必须遵循的、行之有效的规章制度，也包括能够体现当地

特色的体育风俗习惯等，是社区体育价值的外在体现。

3. 社区体育文化的行为文化层

行为文化是人们在日常生产生活中表现出来的特定行为方式和行为结果的积淀，这种行为方式是人们的行为的具体表现，体现着人们的价值观念取向，受制度的约束和导向。行为文化在时间上是传承的，在空间上是散播的，它集中反映了居民从事体育实践的模式和方式。对社区体育文化的研究和探索，就是体育文化行为文化的体现。

4. 社区体育文化的心态文化层

如果站在心理学的角度来审视社区体育文化这一特殊的现象，居民在体育实践中培养、形成的价值观、审美观、生活态度、伦理道德等，可以把它们归为社区体育文化的心态文化层面，它是社区体育文化的最核心部分，也是社区体育文化的最活跃因素。因为它植根于社区居民的内心，影响着社区居民体育生活的形成和发展，决定着社区体育文化的其他三个层面。以上四个层面，既各具特点，又相辅相成，不可分割，共同构成了社区体育文化的全部，影响着社区体育文化的发展。

（二）社区体育文化的特征

1. 共享性和公益性

社区体育是社区服务的组成部分。社区服务是面向居民的便民利民服务，面向社区的公益性服务。社区体育要求面向全体社区成员，仅仅依靠政府是不能满足人民群众多层次、多样化的需求，要通过多方渠道获得所缺失的体育物品，以不断满足居民对体育的需求。社区体育文化由社区居民创造，同时，社区居民也是社区体育文化成果的受益者和维护者。居民在体育实践中锻炼身体，愉悦身心，在体育实践中切磋与交流，在互相帮助中营造了良好的社区氛围。一般而言，社区体育活动开展好的社区，居民间的交流、互助机会越多，社区的凝聚力也越强。

2. 地域性和余暇性

社区是一个相对独立的地域性社会，因此，社区体育文化难免会受到社区所处的地理位置、居民、风俗习惯等因素的影响，并且形成具有当地特色的文化，并且这种特色会随着时间的推移和文化的积累愈加丰富和鲜明，在我国不同地域的社区都呈现出不同特色的体育文化。社区体育不是工作和劳动，它是居民在工作、学习、生产劳动等劳作之余可以自由支配的时间里从事的一种活动，是一种休闲和放松。

3. 多样性和灵活性

社区居民的体育需求千差万别、多种多样，决定了社区体育文化的多样性和灵活性，只有因时、因地、因人而异，提供丰富多彩的体育活动形式、设施、内容，才能满足居民不同的体育需求。社区体育文化允许社区居民依据自己的喜好来选择体育文化的内容和形式，在活动过程中，将娱乐与审美融为一体。实践证明，社区体育文化的多样性和灵活性与社区的发展密切相关。

（三）社区体育文化的功能

1. 提升居民文化素养，促进社区精神文明建设

社区体育因具有参与主体的广泛性、活动形式的多样性和活动内容的趣味性等特点，吸引着广大社区居民积极参与其中，通过体育参与，加强了居民之间的交流与沟通，并逐渐形成了较为一致的价值观、审美观、体育道德、体育思想和生活方式等，提高了居民整体的文化素养，形成了良好的社区风气，促进了社区文化建设。加强社区体育文化建设，有利于居民建立共同意识，促进社区的繁荣稳定。因此，社区体育文化是提高居民文化素养，促进精神文明建设的有力杠杆之一。

2. 改善居民生活质量，创造良好生活方式

社区体育活动作为一种极具吸引力的有益的休闲活动，吸引了众多的居民参与其中，在一定程度上丰富了居民的业余文化生活，抵制了不健康生活内容的侵蚀，形成了科学、健康、文明的生活方式，提高了生活质量。

3. 加强居民人际交往，维护社会稳定

在社区体育文化活动过程中，社区居民之间、社区内的各类体育组织之间加强了相互间的联系和了解，增进了感情的交流，社区体育文化成了社区内沟通关系的纽带。当前，随着工作、生活节奏的日益加快，人际间的交往趋于淡化。而在人们工作之余，社区体育文化具有灵活性、多样性、方便性、群体性等特点，吸引社区居民自觉、主动地参与其中，在一种和谐、轻松、愉快的氛围内，加强了社区居民的人际交往，同时对维护整个社会的安全、稳定也起到一定的积极作用。

三、社区体育文化发展的模式构建

（一）社区体育文化发展的小区模式

1. 社区辐射型体育组织模式

我国社区体育发展之初，社区体育的主导形式受国家体育体制发展的影响，采取的是行政管理制，社区体育发展的行政管理模式的建立也是一种必然，在这种行政主导性的体育组织系统中，便于小区内不同层次的体育活动广泛开展，同时可以控制活动规模，从而形成行政主导的社区体育组织，并呈现出辐射型的组织结构。该模式有着运用行政管理体系特征，在组织结构上主要表现为多层次的体育组织特征，就长期来看，随着我国住宅小区的建设和规范，以行政为主导的社区体育组织管理体制在未来必然会向着更加民主化、以社区居民为主导的方向发展。

2. 社区网络状体育组织模式

随着社区体育的不断发展，居民在社区体育中的地位越来越高，并成为社区体育组织的主要"领导者"，这一时期，多为民间、行政共建体育组织，构建社团主导型的体育组织系统。

在原有的社区行政主导的基础上，社区体育的体育物质基础设施不断改善，同时，基层体育部门的主要职责是在社区体育的发展中给予指导和财政援助，社区组织的发展更多地依靠社区居民自建，在行政指导和居民自建的基础上，形成了网络状的组织结构。该社区体育组织模式具有社团组织管理体系的特征，社区行政给予人力、物力、财力支持。

3. 社区独立体育组织模式

现阶段，我国社区体育组织中，居民的组织和领导地位进一步上升，逐渐发展成为由居民自由结合成立的社区俱乐部组织，呈现出独立型的组织结构。这一阶段，社区体育的主要任务是构建会员制俱乐部组织，采用自主管理，以独立经营的俱乐部模式为特征，社区行政管理的权利进一步弱化，主要从体育政策、法规角度进行宏观调控。

（二）社区体育文化发展的学区模式

1. 学区模式的特点

学区体育是现阶段面向社会开放学校体育资源，实现社会与学校体育资源共享的一种新型社区体育形式。

社区体育发展的学区模式不以行政区域为划分标准，而是围绕学校（一个或数个）为中心，向周边社区辐射，以学校为主要活动场所，以居民和学生为体育参与对象，依托学校丰富的体育资源开展丰富多彩的体育活动。

社会体育文化发展的学区模式的构建，可以实现学校和社区各种体育资源的共享，以营造良好的校园与社区体育文化氛围，二者相互促进，共同发展。

2. 学区模式的构建基础

从实际的发展现状来看，在社区体育文化发展的学区模式建立中也存在着诸多问题需要解决。例如，学校体育资源对包括社区居民的社会大众的开放，由于责、权、利不清，服务对象与管理办法不明确等，导致学校体育设施器材的使用频率大幅增加，维护难度也随之相应增加，同时，也大大增加了校方管理上的负担。

学校体育资源、体育管理的开放，加强其与社区的联系，同社区成为一个整体。必须充分考虑学校自身的教育活动的正常开展、体育资源损耗、体育运动安全以及学生安全管理等多方面的因素，只有将这些问题都合理协调地解决之后，才能促进社区体育文化发展的学区模式的顺利建立。

当前，建立社区体育文化发展的学区体育模式，必须做好以下几个方面的工作：①以学校为中心进行学区范围的划分，与校方保持联系共同商议建立学区体育模式；②成立学校体育设施对外开放管理委员会，以便对体育设施对外开放使用进行管理；③学校联系社区通过举办各种体育辅导班来吸引社区居民的积极参与，从而提高其健身水平；④社区积极寻找学区体育志愿者对学区居民的体育活动进行有机的辅导工作；⑤学校与社区共同开展体育竞赛，制订好活动计划，在各个层次上都进行竞赛；⑥定期举办社区青少年学生和家长协同参加的社区体育活动或竞赛，激发居民参与社区体育的热情。

（三）社区体育文化发展的俱乐部模式

1. 体育俱乐部模式的特点

社区体育俱乐部发展模式的特色在于与本社区的具体实际相结合，能最大限度地充分利用本社区的体育设施资源、最大限度地调动本社区居民参与社区体育的积极性和主动性，使社区形成一个良好的体育锻炼氛围。

2．体育俱乐部模式的构建背景

随着社会经济的不断发展，现代人越来越注重健康、注重追求高质量的生活，日常健身成为现代人生活中不可缺少的一部分。社区体育健身已逐渐不能满足人们的日常健身需要，于是，更多的人开始走进健身俱乐部，去接受专业的健身指导并利用更完善的健身设施来开展健身活动，在这样的背景下，社区体育俱乐部将成为社区体育发展的主要模式之一。

第三节　其他社会体育文化的发展

一、农村体育文化

农村体育是体育文化的一个重要组成部分，它又是体育文化的亚文化。它是由人们居住的地理环境、经济生产方式和社会生活方式以及历史文化传统所决定的一种体育文化。农村体育文化是世世代代农民共同创造的一种物质和精神财富，是农民赖以生存和发展的物质和精神基础，也是农民的体育文化水平、思想观念以及在漫长的体育文化实践中形成并积淀下来的认知方式、思维模式、价值观念、情感状态、处世态度、人生追求、生活方式等深层心理结构，它所表达的是农民心灵的世界、人格特征以及文明开化程度。因此，农村体育文化是指生活在农村区域的人群在从事体育活动相关的物质生产和精神生产的过程中所形成的具有浓厚地域特色的基础设施、价值观念、心态、精神、风俗习惯和道德规范等的总和。

（一）农村体育文化的特点

农村体育文化作为一种农村特定的文化形式，是社会文化的一个重要组成部分，它既有社会文化的一般性质和主要特点，具有时代性、民族性、区域性、历史传承性和相对独立性外，也具有体育活动的特征。它以身体为本，身心并重，不拘形式，重在参与，易于交流。由于农民在生产方式、生活环境和生活习惯等方面的特点，农村体育文化形成和生长的环境、背景的特殊性，使其具有区别于城市体育文化的一些特点。

1．不确定性

农村体育健身活动带有明显的随意性和季节性，农村体育活动的开展易受生产活动、体育意识及观念、健身条件等限制，因而农村体育健身活动的随意性较强，特别是个体的零散地活动。另外受生产活动的影响较大，带有明显的季节性。在农忙季节体育活动较少，至多是结合劳动和休息时间进行，只有在农闲季节或隆重节日，体育活动才具有广泛的社会性和群众性，此时，也是促使各项体育健身活动延续和发展的良好时机。

2. 传统性

从历史角度看，我国农民的体育活动具有悠久的历史，在农村一些地方和少数民族地区，很早就有了武术、摔跤、射箭、马术、赛龙舟和荡秋千等民间体育健身活动和比赛，而且在活动内容与形式上丰富多彩，广大农民群众一般是根据自己的具体情况随意选择所喜欢的活动内容，既可以以个人为单位，也可以以群体为单位参加，因人而异、因时因地制宜。农村开展的体育活动内容多带有浓厚的乡土气息，有明显的文化继承特点，如南方农村开展的龙舟竞渡、舞狮，北方农村开展的踩高跷、舞龙、扭秧歌等文化内涵深厚，普及面广。我国少数民族地区的体育活动内容就更丰富多彩，经过长年的筛选和提炼，许多优秀体育健身、娱乐项目一直延续到今天，具有鲜明的传统性和民族性。

3. 不平衡性

农村体育文化的不平衡性不仅体现在不同区域的体育文化差异上，从现阶段看，由于农村经济发展的不平衡，导致农村体育健身活动开展也存在着不平衡性，尤其是在居住分散的偏远地区差距较大，存在着民族差距与东西差距。需要指出的是，这种不平衡性还体现在我国一些地区的体育文化建设明显落后于经济的快速发展，表现在重视与引导不够，体育场地、器材较匮乏，农民参加体育活动存在无人组织或无处可去的现象，致使文化体育等健康文明的生活方式没有进入农民的生活中。

（二）农村体育文化建设的作用

1. 促进农村文化建设的凝聚力

体育文化的凝聚作用首先表现在对人民群众精神方面的凝聚力上。高水平的比赛或表演，通过广播、电视、报刊等文化传播媒介往往吸引着亿万听众、观众的注意力，有时会使其达到废寝忘食的地步。体育文化的这种凝聚力在某些情况下会超过宣传等组织手段，甚至超越对物质上的吸引力。其次体育文化的凝聚力表现能使一个国家、一个民族或一个地区成为一个由具有共同的价值观、理想追求的人凝聚起来的整体。体育比赛通过体育文化的传播，可以使运动队在国家或地区的观众形成同一观点，在农村文化建设中可以利用这种凝聚力，通过举行各种各样体育运动、收看体育节目和体育赛事来宣传农村文化建设知识。

2. 加强人际交往，促进农村文化的交流

在现代社会生活中，人际交往是个体适应社会生活，相互交流，共同进步的基本途径，也是个体完善发展的重要途径。有许多农民虽然掌握了一定的科学文化知识和比较系统的专业技能，但由于他们缺乏人际交往这样的平台，专业知识和科学技能不能相互交流，不但个人的知识和能力不能更好地完善，而且也不利于科学知识的传播。体育文化作为农村社会文化的一部分，为农民提供了各种交流的机会和场合，使他们在各种机会中加强了人与人之间的交流和交往，增进了他们的相互了解和知识的相互交流与相互提高，从而促进了各种科学知识和农业技术的交流、改善、提高，进而促进了农村文化建设。

3. 净化农村文化环境、促进农村文化繁荣

我国农村体育文化之所以如此千姿百态、异彩纷呈，是农民在长期的生产劳动和社会生活中形成并积淀下来的具有农村地方特色的文化，它是人与自然和谐、完美结合的结果，是人与人和睦相处，共建和谐社会最好的验证。例如，龙舟竞渡最早是以纪念诗人屈原为目的，从农村地区发展而来的一个竞技项目，项目参赛的人数多，便于培养团结协作、奋力拼搏的集体主义精神，加强人与人之间的交流了解，增进友谊，它的趣味性和观赏性强，可以强身健体，陶冶情操，还可以借此进行爱国主义教育，增强民族向心力和凝聚力。在春节、元宵节等农闲时节，开展农民喜闻乐见的文化体育活动，举办各种不同形式、不同内容的农民运动会、民族风情节，使农村文化建设在内容和形式上呈现多层面的发展，可以促进农村社会文化更加繁荣。在社会主义新农村中，体育文化将成为农民生活方式的重要组成部分，把农民从单调贫乏、枯燥无味的农村文化生活中解脱出来，让先富起来的农民，不仅自己参与健康、文明、高雅的体育文化活动，还要引导他们参与策划、投资农村体育文化建设与体育产业的建设，形成多种层次、多种形式和多种所有制体育文化的局面，创造一个以商养文、以文活商、文商互补的新路，使农村

农民真正享受体育文化带来的乐趣，感悟生命的意蕴和人生价值，体验人际关系和谐带来的满足，建立乐观豁达的生活态度和激发积极向上的生活热情，从这一意义上看，农村体育文化的价值正是在全面建设社会主义新农村，创造绚丽多彩的农村文化生活中显现出来的。

二、企业体育文化

（一）企业体育文化的开展形式

在企业中开展丰富的体育活动，将体育活动渗透到企业文化中，已经成为很多企业的共同认知。但是如何正确开展企业体育文化活动，各个企业的想法不同，开展形式不同，也将达到不同的效果。具体来说，可以将活动分为提高员工综合身体素质的素质锻炼、培养员工竞技精神的竞技体育比赛、促进团队协作的友谊赛、放松员工身心的体育休闲活动等。

1. 晨会

晨会是企业文化的重要组成部分，是指利用上班前的 5～10 分钟时间，全体员工集合一起，互相问候，交流信息和安排工作的一种管理方式。晨会是人员签到、活动发表、作业指导、生产总结、唤起注意、培训教育、信息交流的场所，有利于团队精神建设。晨会能养成良好精神面貌、培养全员文明礼貌、提高干部自身水平、提高工作布置效率、养成遵守规定的效果，大部分企业晨会都采取宣读企业文化、主管训话等方式来开展。如果在晨会上适当增加一些体育训练的内容，就能够使员工在清晨唤醒自己的身体和各项感官，活跃筋骨，从而实现头脑上到身体上的畅通。因此，在开展晨会的时候，可以增加企业舞蹈、小游戏、做广播体操、简单队列训练等活动，使员工紧张的身体舒缓下来。例如，有的企业在每天上班之前利用 5 分钟的时间，带领全体员工做《第八套广播体操》，使员工在舒展、跳跃的过程中，身体素质得到提升。

2. 培养员工竞技精神的竞技体育比赛

为了丰富企业职工的业余生活，进一步推动体育活动开展，带动体育活动的风气，增强企业凝聚力，也给同事们展示自我的舞台，企业可以定期开展员工内部的竞技体育比赛活动。让有体育特长的员工报名参加各类活动，展示自我的体育风采，使其他同事也能够在观赏的过程中得到精神上的熏陶，体现出企业"我运动、我快乐"的宗旨。例如，企业可以在每年举办乒乓球大赛。乒乓球是我国的国球，并且占用场地比较少，操作比较简便，大多在室内进行，不管是在晴朗的天气还是在阴雨天气里都可以进行比赛。员工可以自己报名，也可以内部进行推举。参与乒乓球比赛的员工，都应获得一定的物质奖励，取得优秀成绩的员工，应予以更高的物质奖励，从而鼓励更多的员工都加入企业的竞技体育比赛中，赛出自我，赛出风采。

3. 促进团队协作的友谊赛

企业体育文化中的友谊赛，既可以是各个部门之间的比赛，也可以是企业与其他企业的比赛，主要采取团队的方式进行比赛，尽可能使团队中的每个人都参与进来，共同为团队的荣誉而努力，从而实现团队凝聚力的提升。在友谊赛的举办过程中，也能够促进各个部门、各个企业之间的相互交流，使员工更加熟悉彼此的兴趣爱好和性格特征，从而在日后的工作中能够配合得更加默契。例如，企业可联合另一家企业，开展友谊足球赛，选拔企业中的优秀人员作为足球比赛选手，其他同事作为足球比赛啦啦队，共同为企业的荣誉而奉献出自己的热情，在比赛过程中，企业人员与另一家企业的人员进行了体育上的交流，本着"友谊第一，比赛第二"的原则，在比赛过程中注重对足球技巧的交流，在运动中赛出革命般的战友感情，从而在日后的工作中能够焕发出更大的团队凝聚力。

4. 放松员工身心的体育休闲活动

体育休闲活动是当前企业中采用最广泛的一种形式。不仅能够舒缓员工在平日工作中积累的疲劳，释放员工内心的压力，还能够使员工的身体素质慢慢得到提升。与同事共同进行体育休闲活动，也能够加深员工之间的互相了解，给员工之间搭建沟通与协作的平台。企业可以利用空闲时间，组织员工进行登山、户外徒步、钓鱼等休闲活动，采用比较舒缓的方式，让员工的身心得到放松，在繁忙的工作中找到生活的乐趣，使员工身心健康。

（二）企业文化与体育文化整合的策略

1. 提炼企业的核心价值观，提升文化的凝聚力

价值观是企业体育文化的首要问题，也是体育文化和企业文化整合的重要内容。近年来，很多企业注重在日常工作中创新文体活动理念，确保文体活动人本化，坚持"以人为本"的核心理念，提出"员工身心双健康"体育

文化活动的基本方法，开展以促进身体健康和精神健康为核心的各项体育活动，很好地将企业体育文化与员工需求结合起来。因此，价值观的整合与确定要综合考虑员工、股东以及社会的要求，要正确、明晰、科学，具有鲜明的个性特征，要体现企业的宗旨、管理战略和发展方向。为此，企业应根据自身的特点和经营环境，进行核心价值观的设计定位，要切实调查本组织员工对企业价值观的认可程度，要充分发挥员工的创造精神。

2. 宣传企业体育文化，增强文化的吸引力

企业要利用一切宣传媒体和舆论工具，创造浓厚的文化氛围，宣传企业形象、企业理念等企业体育文化的精要。要根据文体活动的新方向、新思路，积极营造好活动氛围，将理念文化、制度文化等抽象概念转换为具体符号，通过大众媒体、宣传板、秩序册等手段来实现。包括体育每个运动项目的名称、标志、职工的运动服装、宣传口号、体育用品、体育器材设备等；全力创新文体活动的组织形式，鼓励和支持基层承办为主，以行政部的指导和监督为辅，以各个部门为单元来举办活动，提供经费，使文体活动深深植根于基层。积极建设活动硬环境，如很多企业就非常注重硬件建设，建立了职工体育馆、健身馆、篮球场、羽毛球场、乒乓球场等活动场所，并结合企业职工的特点，以文化化和科学化为重要依据，全力推动企业体育文化建设，吸引广大企业员工自觉地加入体育健身活动当中。

3. 建立相应的规章制度，强化文化的塑造力

文化的整合，不仅要宣传，而且要有必要的制度保障，防止变成空洞的说教。因此，在企业中要建立和完善各种制度，尤其要建立严格的奖惩制度与之相配套，这对于塑造和实现企业价值观具有重要的保障作用。很多企业都加强了基础体育组织建设，并且结合本单位实际，制定职工体育发展目标、规划和年度计划，采取切实可行的措施，认真组织实施。经过不断整章建制，形成了一套健全完善的组织机构，逐步成立和健全了企业体育协会，下设足球、篮球、排球、羽毛球、田径等各种单项协会。

三、城市体育文化

（一）城市体育文化的形式创新

城市体育文化形式主要是指体育文化发生、表达以及传播的载体，是展现城市体育文化内涵的方式。创新城市体育文化需要立足于传统，体现

时代特征，推陈出新。

1. 竞技体育大众化

以往竞技体育是一项专业运动，普通百姓很少参与。随着生活水平的提高，普通人逐渐参与到竞技体育中，感受运动带来的快乐。在 2014 年，南京举办的青年奥林匹克运动会就为竞技体育大众化提供了很好的模式，体现了"让奥运走进青年，让青年拥抱奥运"的理念，这届运动会中出现了羽毛球、乒乓球以及自行车等大众化运动项目，促使竞技体育运动会成为大众参与的运行会。

2. 贵族体育平民化

随着社会和经济的发展，人们生活质量的提高，对于普通人来说高尔夫、网球、滑雪、赛车等"贵族运动"不再"遥不可及"，这些"贵族运动"也以新的形式逐渐走入"寻常百姓家"。如小型室内高尔夫，就是在十几平米的独立空间中通过机器设备来模拟高尔夫球场，人们可以通过打高尔夫球将球打到可以感应的屏幕上，屏幕上就会显现出对应的球落地的位置。

3. 健身知识网络化

城市体育文化是一个系统的整体，主要包括体育文化活动、体育健身以及保健等。现阶段网络发展迅速，信息丰富，受到现代人的普遍认可，所以可以将网络作为城市体育文化的载体，利用网络传播和宣传体育文化，比如在城市网站或者论坛中可以组织体育活动、围绕相关的体育主题来开展相关的讨论，或者设立专门的体育保健栏目，定期向人们介绍体育活动中的各种注意事项，既丰富了人们对体育文化的认知，也将加强体育锻炼的重要性普及给更多的群众。

4. 群众健身周期化

"全民健身"计划与"奥运争光"计划一样，是由国家主持开展，鼓励全民参与的一项体育健身计划，可提高劳动者的综合素质，鼓励人们建立健康的生活方式，将群众体育和竞技体育相结合，有利于推进社会主义物质文明和精神文明建设。在实际生活中全民健身活动随处可见，比如各地的建设节、建设周、建设月等都是周期性的全民健身活动，有时候甚至不需要组织，人们都会主动出来锻炼，像近年来流行的广场舞，都是城市体育文化活动作用于人们印象观念的积极表现。

（二）城市体育文化发展的路径

1. 认清城市体育文化发展基础，规范组织管理，更好地履行政府职能

在新的历史时期，我国应广泛吸收国外大众体育发展过程中的政策法规和先进经验。根据我国当前的国情，认清大众体育发展的现实基础，积极探索建立政府主导，社会、社团、协会共同参与的工作机制，充分发挥各级体育协会的作用。在具体实施过程中，各级体育管理部门应把工作精力放在公共服务政策的制定上，加强政府相关部门之间的协调，建立健全全民健身工作协调机制和工作责任制，对有关部门承担的全民健身工作进行监督。坚持城市体育以社区为重点，完善全民健身组织网络和队伍建设，加快群众体育社会化进程。

首先，群众性体育比赛是宣扬城市体育文化的基石，地方各级政府根据实际情况，在本区域内积极开展突出大众性、民族性、趣味性、科学性的群众性体育比赛。其次，政府部门鼓励公共体育设施在节假日向公众免费或优惠开放，并提供相关健身指导服务，注重深入开展全民健身活动，并制定相关行动计划，创造优质的健身环境。一些城市正是围绕群众性比赛和创造优质健身环境为中心开展各项体育文化活动。如上海制订了人人运动行动计划，并列入上海建设健康城市的总目标。行动计划倡导市民做到"六个一"，即：参加一个体育组织（健身俱乐部、体育团队等）；学会一项基本的运动锻炼项目；每星期有一次以上体育锻炼；每年参与一次社区体育比赛活动（社区健身大会、全民健身节等）；每年现场观看一次体育比赛；每年接受一次健康体质测试。政府部门拓宽体育场地设施建设的资金投入渠道，完善公共体育场馆向公众开放的政策，实现各类健身场地资源由群众共享。通过这些丰富多彩的体育活动，广大群众积极参与其中，以体育文化活动为载体，彼此之间身心愉悦，树立了崇高的生活目标。也正是这些形式多样的活动，让不同的社会群体间交流和合作更加和谐，推动了整个社会的安定团结。

2. 繁荣体育文化产业，优化城市经济结构，促进城市社会生产力发展

人们以"永远的朝阳产业"来称赞体育文化产业，体育产业已成为国民经济新的增长点，并将发展成为重要的支柱产业，国外一些经济学家、社会学家曾大胆预言：体育文化产业将成为世界四大产业之一。近年来，国家充分认识到体育产业在经济、社会发展中的重要地位和作用，由于其

良好的外部环境，作为文化产业的重要构成因素，城市体育文化产业得到了迅猛的发展。体育文化产业不仅自身能直接为城市经济创造巨大的收益，而且还能发生连锁反应，强劲拉动一系列相关产业乃至"无关"产业的发展。体育文化产业与旅游、信息、服装和器材生产等行业交叉，形成许多相关产业，诸如体育广告业、体育旅游业、体育用品业、体育博彩业等等。同时，体育文化活动参与率的提高，将有利于工业生产率的提高，作为新兴的第三产业，体育文化产业及相关产业还可以扩大内需、增加城市的就业机会，为拓宽社会就业的渠道提供了更多的机遇。体育文化产业对优化城市的经济结构，改善经济的发展质量，促进城市社会生产力的发展，增加就业机会等诸多方面都会产生重大的影响。繁荣体育文化产业，一方面，要利用经济发展提供的丰富的物质基础，为广大人民群众尽可能提供充实的体育用品、体育服务和参与体育的机会，创造优质的体育健身条件和环境，使广大群众个体的体育需求得到满足，使人的全面发展得以实现；另一方面，政府相关部门要动员广大群众积极参与各项体育活动，提高对体育文化产品的消费能力和消费水平，促进体育文化产品的多样化、高品质化，促进体育文化产业的良性发展。

3. 打造城市景观体育，引入国际高水平竞技赛事，塑造文明与开放的人文环境

举办国际大型比赛，可以提高城市在举办大型国际体育赛事中的能力和水平，提升城市的国际知名度，更重要的是可以提高本城市竞技体育水平，促进城市的体育文化建设进程，为群众体育的发展创造一种良好的氛围。世界上很多著名的城市积极加入到不同类型、举世闻名的各项赛事中，以此吸引了全世界人们的目光。如环法自行车赛、达喀尔汽车拉力赛、沃尔沃帆船赛、ATP 网球大师赛、F1 世界方程式赛等国际知名赛事。这些城市举办高水平、国际性的比赛，一方面，通过提升城市知名度来促进经济、环境的快速发展；另一方面，通过承办大型运动会宣扬体育人文精神，使城市不断得到体育人文的滋润，营造出相互协作、相互尊重、努力拼搏的人文景观，给城市注入鲜活生机，给主办城市留下一笔丰厚的文化遗产。我国许多城市积极承办各种不同形式的大型国际赛事，深刻感受和认识到竞技体育文化对社会的积极影响。近几年，上海举办了 F1 比赛和 NBA 季前赛、网球大师赛等一系列大型国际比赛，通过举办重大体育比赛为契机，发挥体育在提升上海城市形象和完善城市功能方面的作用，把城市综合竞

争力提高和重大体育比赛的举办有机地结合在一起，其良好的互动效应已经引起国内外媒体的关注。举办重大比赛已经成为世界了解上海的重要窗口之一，对于上海的城市服务功能的提升，城市管理水平和市民综合素质的提高具有积极的推动作用。可以说，是否有能力举办国际水准的大型赛事可以反映出一个城市的文明和开放程度。

第四章 体育文化的传播与发展研究

第一节 体育文化传播

一、体育文化传播的内涵

经济全球化让地球越来越小，在全球市场比拼的综合国力包括硬实力和软实力，软实力主要体现在文化感染力和意识形态以及价值观吸引力。一个国家的体育亦是如此，体育影响力不仅取决于内容是否具有独特的魅力，更取决于是否具有先进的传播手段和强大的传播能力，更包括一个国家体育文化的感染力。一个国家的体育文化理念和价值观念能够广为流传，就能掌握影响世界、影响人心的话语权。

20世纪90年代，美国学者提出了文化软实力的概念，开拓了文化与实力的研究的时代，在一系列书籍和文章的烘托下，文化时代的大幕被拉开，各个国家都开始注重自身文化的挖掘与培育，同时在全球范围内东西方文化的碰撞也成为独特的世界性的话题。关于文化的看法始终是百花齐放、百家争鸣的状态，文化实力的研究更是在不断的修缮。一部分学者认为文化研究现在很难追溯到文化的初始形态，对文化的研究不能流于表面，这些学者认为当前社会对于文化的研究仍然处在探索的阶段，研究视角需要进一步拓展。

体育文化传播作为文化传播的一个子体系，具有文化传播的特征和体育单方面的特色，一个国家是体育大国还是体育强国的界定，除了对竞技成绩和运动技术水平的界定之外，还包括对大众体育发展及体育文化发展与传播水平等，而体育文化传播的水平包括传播的内容是否会对社会产生积极的影响，体育文化传播的手段是否会成为社会控制的有效途径，体育文化传播是否影响社会的进步。

本书从社会学领域冲突论、功能主义的角度对体育文化传播进行解读，试图将体育文化传播的手段作为一种社会控制的手段，以此来促进社会的良性发展，繁荣体育文化，希望能够为达成我国体育强国的战略目标略尽微薄之力。

二、体育文化传播的内容

（一）体育哲学与体育科学

体育哲学是体育特有的训练、比赛活动、处理人际关系等全部工作行为的方法论原则。它是体育文化的思想基础，是体育进行总体设计、总体信息选择的综合方法，是一切体育行为的逻辑起点。从方法论上看，体育哲学直接导向着教练员、运动员和一切工作人员的思想行为。这种导向作用从两种基本形式中表现出来：一是直接作为观念文化，即体育人员头脑承载的思想方法来指导人的行为；二是通过体育道德、各种制度和规范来间接地发挥作用。体育哲学作为体育全部工作、全部行为的方法论原则，体现了体育文化鲜明的个性特点。它使竞争日益激烈的体育行为时刻面临着选择，寻找着新的训练方法和契机，辩证地分析和对待一切有利和不利因素，正确地估计自己的水平和面临的形式。体育经济学、体育心理学、体育美学和各科的训练学都从体育的某一角度论证了体育文化的特征和内涵，说明了体育文化的多极化和宽泛性。

（二）体育情感

情感是人类所特有的一种心理状态。体育情感是作为主体的人对客体体育活动是否能够满足其自身需要而产生的态度、评价或主观体验。人们在参加体育活动的过程中会产生很多反馈，但反馈的不是体育活动本身，而是人对体育的需要以及体育对人的作用等问题。一旦体育满足了人们的情感需要，那么人们就会产生积极的体育情感，反之就会产生消极的体育情感。积极的体育情感主要表现在以下几个方面：

1. 体育情感激发人们参与活动心理

人们在参与体育活动的过程中，由于体育活动的激烈竞争，不但要求人们要有一定的体力，还要有一定的技术、技能作保证，同时在这个过程中还要有一定的智力活动。这样，当体育活动满足了人们的需要时，就激发了人们积极主动参与体育活动的热情，也可以说是激发了人们参与体育活动的心理和参与体育活动的意识。

2. 体育情感驱使群众认识体育活动

在从事体育活动的过程中，体育活动刺激了作为主体的人，或者说某些体育信息符合或满足了人们生理、心理上的需要。人们从体育活动中得到了愉快、满意的情感体验，从而去接近体育、参与体育活动；相反，如果人们在从事体育活动的过程中没有得到满意的情感体验，就会有疏远体育、躲避体育和抛弃体育的心理倾向。体育情感的这种两极性质，促使人们利用强大的内驱力对心理进行复杂的调节，从而推动人们不断去探索体育世界的奥秘。

3. 体育情感激发个体创造性思维

在自由奔放的体育活动过程中人们可以有很愉悦的情感体验，这样就可能把人体内的各种潜能完全释放出来，使人们长期积聚起来的各种信息全部处于激活状态，从而为直觉、想象和灵感的产生提供一种最佳的心理环境。

（三）体育道德

体育道德是体育在训练和比赛中用以处理内部关系以及体育与公众关系的行为准则。它是围绕体育的全部活动和工作生成并发展起来的，是体育价值观的具体化和道德表现。体育道德虽然不具有法律那样的强制力、约束力，但它有着较为广泛的适应面、较大的作用场。

首先，体育道德起着联结个人道德和社会道德的中介作用。个人道德是个体行为的产物，是个体生活经历和社会经济地位在个人语言表达、态度和处理标准的反映；社会道德是社会生活的抽象，全部社会人是社会道德的主体。体育道德是教练员、运动员和体育员工的个人道德在体育领域内的表现。

其次，体育道德的培养和弘扬，有利于体育效应的传播和发展，也有利于体育地位的确定和提高。因为体育是以竞争为特点、以获得名次为目标的行业，因此体育道德还具有较强的感染力和号召力，特别是对青少年共产主义道德的形成有着不可估量的推动作用。

最后，体育道德的培养和形成，有利于激发体育从业人员的主人翁意识和社会责任感，克服个人名利与社会责任相背离的现象，保证在获得最好成绩的同时，把集体荣誉、国家尊严、社会奉献放在主导位置上。

（四）体育价值观

体育价值观是体育从业人员和所有关心、爱好体育的人员对体育活动的意义或重要性的总评价、总看法。它是体育从业人员的价值取向，是从业人员价值观念在训练比赛中的沉淀，是体育一切工作的基本价值观念和价值依据。

体育价值观有以下特点：首先，体育活动中的各种价值观念、价值追求、价值标准都同争取冠军和名次相联系，都以训练、比赛活动为依托。没有不想当冠军的运动员，也没有不想创造好成绩的运动队。当冠军和创造好成绩是体现价值观的最高追求。其次，体育价值观最具有竞争性。体育活动本身时刻都处在竞争之中，这也就决定了体育价值观的形成、强化和发展必然同竞争机制相联系，同优胜劣汰、强者生存相吻合。再次，体育价值观具有认同的精确性。体育价值取向必须提高运动员和运动队的成绩，提高运动水平，获得好名次。因此，体育价值观的认同具有精确的统计数据和可靠的实地测量，这种认同是可信的、可测的，是有科学依据的。最后，体育价值观具有机制整合性。从其功能、作用机制上看，体育价值观是多元整合而构成的复合价值系统，它从总体上看，不仅仅是体育训练和比赛活动，而且具有导向、规范、促进、号召和凝聚等功能。人们参与体育训练或比赛，或者观看体育比赛或表演，不只是为了满足一种体育享受，而且包含了多种价值追求，如伦理道德追求、社会效应和社会奉献、追求追星愿望的实现等多个子系统构成的复合价值系统。

（五）体育精神

人们从崇拜自然、敬畏神明，到寻求真理、开拓义明，无一不在证明着一件事：精神上的觉醒对推动时代进步有着重大的作用。当人们的大脑真正运转起来，精神上的站立也就宣布着文明时代的到来。这其中自然也包含着对身体健康、对肉体极限突破的追逐，即体育，同时也就有了所谓的体育精神。体育精神是体育基于自身特定的性质、任务、宗旨和时代发展要求，为争取最佳成绩而培育出来的竞争意识和群体精神。它是体育从业人员健康向上、永不言败的心态的外化，是教练员、运动员和体育爱好者对体育的信任感、自豪感和荣誉感的集中表现。

体育精神的核心是超越。超越不仅可表现为超越自我，追求更完美，而且超越有不同的层次和方向。在西方哲学上有"横向超越"和"纵向超越"之分。横向超越是指从在场的东西超越到不在场的东西。所谓在场是指当前呈现或出席之意；所谓不在场是指未呈现在当前或缺席之意。所谓横向就是指从现实事物到现实事物。纵向超越是指从表面的直接的感性存在超越到非时间性的永恒的普遍概念中去。通过横向超越，把在场与不在场的东西结合为一个整体，这样，就能真实地了解和把握当前呈现的东西。通过纵向超越，就能达到对外在客观事物本质的把握和追求。体育精神的超越，可总体概括为：超越自我、追求成功、超越有限、追求无限。超越自我和超越有限，在超越的方向和层次上有所不同。超越自我、追求成功，是横向超越；超越有限、追求无限，是纵向超越。

体育精神经常与体育运动背景中的赞赏行为相联系，然而，体育精神并不仅仅体现在竞技场上，它也常常被扩展至生活中的其他领域，尤其是那些关注公平竞争的领域。从实践的角度理解体育精神，可以看到它主要包含着体育造就及人们在体育运动中所体现的宝贵品质，并为社会观念所积极接受的积极意识，那就是公平竞争、运动员风范、光明磊落和合作精神。公平竞争，体现的主要是仲裁和法则精神；运动员风范体现的则是运动员如何遵守规则的义务和在体育运动中所体现出的精神风貌；合作精神则体现的主要是同一队伍中的队员如何分工协作、同仇敌忾、共同对外的价值。以上所有这些，至今都是人类社会生活中最重要的价值理念。

（六）体育目标

中国的体育目标任务应是中国体育目的的体现，业已确定的体育目的，是中国体育工作的基本方向。要实现体育目的，就必须完成相应的目标任务，主要包括以下四个方面：

1. 增强体质与健康

增强体质、增进健康是中国体育的根本目标，也是中国体育目的的核心内容。体质是指身体的质量，即在遗传性和获得性的基础上表现出来的人体形态结构、生理机能和心理素质的综合的、相对稳定的特征。在人的整个生命活动过程中，体质表现出明显的个体差异性。这种个体差异性与个体的个人生命以及发展状况密切相关。从这个意义上讲，体质是在先天的基础上因后天诸多因素的影响而形成的，其中经常地、科学地进行体育运动对体质的改变最为积极有效。

健康是一个更为广泛的概念，包括身体、心理和社会三个维度的完美状态，是一种三维健康观。增进健康主要表现在延年益寿、预防疾病两个方面。但是人在与大自然斗争的过程中，不能仅仅满足于身体健康，还要在健康的基础上，进一步使体格健壮，使体能得到充分发展，只有这样才能在日常生活中有更坚实的身体保障。从这个意义上说，健康是进一步增强体质的基础，增强体质则是在健康的前提下，人体形态和机能的进一步发展。而体质在很大程度上反映了人的健康水平，体质增强为获得健康的体魄奠定了物质基础。体育锻炼是实现增强体质、增进健康的积极有效的方法。体育锻炼能使人由弱变强，提高工作效率，延缓衰老。利用体育手段增强体质、增进健康，必须因人而异，根据自身的实际情况和需要，选择相应的内容、方法和手段，采用适宜的负荷，循序渐进，持之以恒，才能达到预期的效果。

2. 提升国际体育竞争力

提高运动技术水平，攀登世界体育高峰，是中国体育的重要目标任务之一。一个国家运动技术水平的高低，反映出国家体育事业的发展水平，同时也反映出一个国家的综合国力。运动技术水平是国家经济、文化、科技、教育发展水平的综合体现，也是一个国家或民族精神面貌的反映。所以，世界各国在重视人们身体健康的同时，也非常重视运动技术水平的提高。中华人民共和国成立以来，中国体育运动事业发展迅速，特别是改革开放以后，随着中国经济发展水平的不断提高，体育事业得到长足发展，中国运动技术水平迅速提高，一些竞技项目在国际上也具有领先水平。在奥林匹克运动会以及一些其他国际比赛中，中国运动员取得了十分喜人的优异成绩，不仅为中国争了光，提高了国际威望，而且也促进了中国与世界各国的交往和友谊，极大地振奋了民族精神，鼓舞了人民的斗志，成为振兴中华的强大的精神力量。

3. 丰富精神文化生活

在现代社会中，体育已经成为人们生活方式的组成部分。随着中国人民物质生活水平的提高，人们在紧张的工作、学习之余要求有丰富的文化生活，以满足日趋发展的精神需要。体育运动作为人们用以消磨闲暇时间、维持健康且容易被接受的休闲方式，已经成为现代人的生活理念，一些传统的、缺乏活力的、不健康的休闲娱乐方式被取代。现代研究发现，适宜地参加体育运动不仅使人们的肌体更加健康，而且还可以满足人们的多种社会需要，如社会交往、净化情感、发散精力等。同时，欣赏高水平的体育比赛、表演，也是丰富人民精神生活的一项重要内容，不仅可以激励人们积极参加体育锻炼，推动群众性体育活动的开展，还可以让人们在欣赏高水平的体育比赛中调节精神、愉悦身心、陶冶情操。

4. 提高国民素质

从思想上、精神上和文化知识上提高国民素质也是体育的基本目标任务。体育自产生之日起就是教育的重要组成部分。在社会领域，体育是一种具有特殊教育意义的社会活动，提高国民素质是其主要目标之一。素质包括身体层面的素质、心理个性层面的素质和社会文化层面的素质，而社会文化层面的素质又可分为思想道德素质、文化科学素质和审美艺术素质、劳动准备素质，它反映了一个人的思想觉悟和文化修养的程度。体育运动中的思想品德教育，主要包括培养共产主义道德、良好的意志品质以及优良的体育道德作风等。

（七）体育制度与法规

随着社会政治和经济的发展，必然要求加强体育法治建设，深化体育改革，实现依法行政、依法治体。社会体育要发展，必须依靠法律确定它在体育事业和社会发展中的地位，依靠法制手段保障和促进社会体育的发展，以法律来保护公民的体育权利，以法纠正和制裁各种侵犯合法体育权益的违法行为等。在中国体育管理体制不断改革和完善的过程中，建立和完善社会体育的法规和制度势在必行。实践证明，体育事业的发展主要得益于改革，体育改革的推进又需要体育法制的支持与保障。近十几年来，随着中国体育改革的深化和体育事业的发展，体育法治建设也取得了长足的进步，其基本标志是：体育系统普法教育取得成效；体育工作者的法律意识和体育法制观念有所增强；体育法制工作受到重视。体育法的颁布实施，结束了中国体育战线无部门基本法可依的历史，加快了配套体育立法步伐，促进了体育行政部门的职能转变，增强了体育行政部门依法行政、依法治体的能力；适应社会主义市场经济体制，体现体育改革成果，促进体育事业发展的体育法规体系的框架形成；体育法制工作队伍逐步建立，体育执法监督检查工作开始起步。

在充分肯定中国体育法治建设成绩的同时，仍要清醒地认识到，体育法治建设仍是体育工作中的一个薄弱环节，体育法治建设相对滞后的状况并未得到彻底改变。主要表现在：体育队伍的法律素质还不高，依法行政、依法治体的观念还没有牢固地树立起来；体育法的学习、宣传还不够深入；解决困扰体育改革和体育事业发展的一些重点、难点问题的立法还不多；体育执法队伍还不够健全，执法监督也不够有力；体育工作的很多方面尚未纳入依法管理的轨道。

第二节　体育文化的网络传播

一、体育文化网络传播的认识

（一）体育文化网络传播的方式

互联网的发展创新了体育文化的传播方式，尤其在网络技术高度发展的背景下，网络技术的进步促进了自媒体、融媒体的繁荣发展，使得体育文化传播的方式从传统化向数字化发展转变。现阶段，最为常见的体育文化传播媒介主要有电视、报刊、广播和网络媒体等。

1. 电视传播

电视传播是传统媒体中应用最为广泛和最为普遍的一种方式。在这种媒介的传播方式下，体育文化有着庞大的受众基础。当然，电视传播也是社会大众最容易接受的一种方式，已成为人们了解各种体育活动、体育赛事和体育新闻的重要渠道。而在互联网的影响下，电视传播方式也在发生着微妙变化，电视更为智能，人们对于体育文化相关知识的了解有了更多的选择性。例如，对于体育赛事的观看，不再受到时间的限制，可以重复播放。电视传播仍然是现在体育文化传播的重要传播方式之一。

2. 报刊传播

报刊传播也是体育文化传播的一种形式，只不过这种传播方式没有电视传播的辐射范围广。然而，在互联网发展的影响下，报刊应分为两种类型，一种是传统的纸质报刊，一种是数字化报刊。现阶段，数字化报刊呈现出高度发展的趋势，网络体育报刊开始走向大众的视野，人们对于报刊的订阅呈现出多元化的趋势，使得体育信息获取更为及时，这对于体育文化传播也是非常重要的。

3. 网络传播

随着互联网的发展和进步，互联网已经与体育形成了高度的融合发展模式，网络媒介进一步丰富了体育传播渠道和方式。例如，体育网站、论坛等已成为体育爱好者交流沟通的主要媒介。另外，自媒体、融媒体、手机应用软件等新媒体也是百花齐放、百家争鸣，极大地丰富了体育视频、音频以及图片和新闻等的传播。同时，体育受众可以通过网络媒介在第一时间了解到体育动态信息，使体育文化的传播更具有交互性、动态性和及时性。网络媒介成为目前社会大众接受体育文化、了解体育精神、享受体育文化的重要途径。

（二）体育文化互联网传播的特点

1. 自由性

随着互联网环境的快速发展，媒介在传播介质的选择上也大为提高，传统的体育赛事往往需要观众到现场观看，或是在家中通过电视收看直播或转播。在互联网媒介的影响下，体育赛事有了更为便利的保存介质。通过对数字化的模拟信号进行采样、编码、处理和传播，为观众提供更为广泛的体育赛事观看基础，让不曾亲临现场的观众通过赛场上不同角度的动态摄影更为深入地了解到赛事现场的情况，通过网络打破时空阻隔，让世界各地的观众都能分享精彩的体育赛事。通过互联网媒体的"数字介质"和媒介传播的"波"完美融合，促进体育文化的广泛、快速传播。利用互联网的基础，不仅可以跨时空地播送推广体育赛事，在一定程度上还可以促成体育文化的互动生成。网络跨越的时空优势，不仅为体育文化的健康传播提供了更为广阔的繁衍空间，同时也为体育爱好者提供了更为自由和自我的体育文化的发声权利。

2. 交互性

科技领域的延展不仅为体育赛事的视频传播提供了更大空间，也拓展了体育爱好者参与体育的方式。以中国为例，在中国传统文化中，体育被夹杂在军事训练或贵族特别节日的消遣当中。现在，体育活动成为大众娱乐、健身的主流方式。文化内涵随着人类生活方式的改变而逐渐发生变化。

在当前的科技影响下，智能手机替代了传统的电脑，成为获取资讯的主要媒介，智能手环、智能手表、智能眼镜等智能可穿戴设备的介入也将从根本上改变体育文化在当前社群中的定位和认知。以智能手表为例，随着被人佩戴的次数累积以及对人们活动习惯的收集，智能设备能够提醒佩戴者及时运动，防止身体出现劳损。并且智能手表可以上传一天运动的数据至社交网络，朋友圈中好友的互相比较也能够激起个体的竞争意识，有效地培养个体自身的运动习惯。

从某种程度上来说，智能设备提供给体育参与者以更为广泛的接触体育文化的机会，使运动个体之间、个体与体育赛事之间、体育赛事的文化拓展和碰撞之间更为有效地促进文化的延伸，通过交互中的碰撞，使体育文化获得更为深层的文化建构与拓展。

3. 衍生性

网络媒介的传播程度加深，文化的交互碰撞影响力就会随之加大，同样也给体育文化带来了衍生的特质。所谓衍生，指的是一种人类文化的再产生过程。媒介的空间领域广阔，人群在网络社区聚居讨论的同时也带来了文化内涵的淘洗。大型社交媒体在体育文化的衍生中往往会带来更为深层的文化内涵。譬如 2022 北京冬奥会期间某国运动员在个人社交媒体账号上多次发布动态，表达自己对中国美食、文化的喜爱，而这份喜爱也使越来越多的中国网民关注到这位运动员并在其社交动态下积极评论。这种情形下，网络社交已经不再是简单的交流想法的工具，而是成为更迅速地拉近不同地区、国家社会大众之间心理距离的媒介，并由此带来更深层次的文化交流。

4. 沉浸性

沉浸性代表的不仅是一种体验方式，更是一种态度。基于传统电视放送为主的赛事转播的角度，观众作为观看的受众群体，只能单方面地了解或被动接受赛事的体验，并不能根据自己的兴趣深刻了解体育赛事的背景和文化内涵。尤其是一部分新兴的体育运动项目，观众对其了解和接触都比较少，对这项体育赛程的发展历史背景、比赛的基础规则、参赛选手的战绩历史缺乏基本的认知，而电视转播也不能全面地解读赛事的基本常识。通过互联网的百科类网站的社群交流以及网络媒体大众平台上的多角度传播，体育爱好者能够多方位地去了解相应的体育文化内涵和历史脉络，并且在对其项目熟悉、解构、建构的过程中，潜意识地推动对互联网的了解，对于改变传统的体育认知模式和观赏方式都是有所裨益的。

二、体育文化网络传播的优势和不足

（一）体育文化网络传播的优势

随着网络信息技术的飞速发展，体育文化的网络传播已经成为现代体育文化传播的一种重要方式。体育文化网络传播具有传播速度快、范围广、交互性强等特点，为体育文化的传播和发展提供了更广阔的空间和更多的可能性。

1. 体育文化网络传播可以促进体育文化的国际化传播

通过网络，各种体育文化可以迅速传播到世界各地，吸引全球受众的关注和参与。例如，通过社交媒体平台，国际体育赛事的直播和转播可以得到更广泛的传播，让更多的人能够观看和分享。国际体育赛事的组织者可以通过网络平台提供不同语言的直播和转播服务，让不同国家的受众可以更加便捷地了解和接受其他国家的体育文化。同时，网络平台还可以提供各种文字和图片的报道和评论服务，让受众可以更加全面地了解赛事的进展和结果，以及不同国家体育文化的背景和特点。体育文化网络传播可以促进体育文化的国际化传播，让不同国家的受众更加便捷地了解和接受其他国家的体育文化。因此，需要加强体育文化网络传播的研究和探索，发掘更多的应用场景和发展空间。

2. 体育文化网络传播可以加强观众与赛事之间的互动

在网络时代，各种体育赛事的组织者可以通过各种网络平台和观众进行互动，如通过社交媒体平台与观众互动、组织网络直播活动等。这不仅可以增加观众的参与感和体验，同时也可以提高赛事的知名度和影响力。国际体育赛事的组织者可以通过网络平台组织观众进行投票或抽奖活动，或者邀请观众参加网络直播节目。观众也可以通过社交媒体平台与赛事组织者或其他观众进行互动，讨论赛事的进展、结果，分享自己的感受和体验。这些互动可以让观众更加紧密地与赛事联系在一起，增加观众的参与感和体验感，提高赛事的知名度和影响力。体育文化网络传播可以加强观众与赛事之间的互动，促进观众和赛事之间的联系和交流。

3. 体育文化网络传播可以提供更加个性化的服务

网络平台可以提供各种个性化的服务，如定制化的赛事直播、点播、回放等，以满足不同观众的需求。同时，网络平台还可以根据观众的喜好和兴趣推荐相关的体育文化内容和服务，使观众能够更加便捷地获取自己感兴趣的内容。这不仅可以满足观众的需求，还可以促进体育文化的多样性和个性化发展。体育直播平台可以根据用户的观看历史和喜好推荐相关的体育赛事和内容，同时用户也可以根据自己的喜好定制赛事直播、点播等。这些个性化的服务可以让观众更加便捷地获取自己感兴趣的内容，增加观众的参与感和体验，同时也可以提高赛事的知名度和影响力。体育文化网络传播可以提供个性化的服务，让观众更加便捷地获取自己感兴趣的内容，促进体育文化的多样性和个性化发展。

体育文化网络传播已经成为现代体育文化传播的重要方式之一，具有广泛的应用前景和发展空间。加强体育文化网络传播的研究和探索，可以促进体育文化的国际化、互动性、个性化发展，为体育文化的传播和发展提供更多的机遇和挑战。

（二）体育文化网络传播的不足

1. 传播内容娱乐化

在传播内容层面上，相较于体育文化中的人文价值解构，互联网自由媒体转载的内容更倾向于进行体育赛事本身输赢的体育新闻报道。分享的内容多为个人参与体育竞技时的感受以及个人对竞技体育的看法，缺少大众化一般性的体育文化挖掘和解读。另外，出于经济收益和点击量的考虑，互联网自由媒体对体育运动员的报道过于注重娱乐性，缺少对于体育明星在推广某种特定体育运动、弘扬体育精神文化方面的报道，缺失了体育运动员作为公众人物所具有的教育和示范价值的宣传。

2. 传播效果短时化

在传播效果层面上，自由媒体在信息传播上只能维持短时间内的连贯性和关注度，无法做到某类体育文化信息长期持续的传播。诚然，这种短期热度现象的形成有信息传播自身难以避免的客观原因，但紧跟当下节奏、追逐最新热点，也有媒体的利益考量：自由媒体需要维持点击量才能在网络空间内生存，才能让自己的声音被更多的人听到，才能树立自己的品牌，才能产生网络影响力。许多只在特定节日举行的少数民族体育运动、地域性体育文化、门派内部体育文化都在网络信息长河中昙花一现，来不及在广大受众心里沉淀、融合、升华就已经被遗忘了。

3. 传播主体鱼龙混杂

网络传播者为了吸引眼球或获得点击量，会发布一些虚假的信息或夸大报道事实，导致传播内容缺乏真实性。在网络传播中，许多信息都是来自于普通的受众，而非专业的媒体机构或权威人士。因此，传播的内容可能缺乏权威性，难以保证质量和可信度。体育文化网络传播主体鱼龙混杂，表现形式多种多样，需要我们提高辨别能力和素质，避免被虚假信息误导，同时要加强网络管理和监管，建立良好的网络传播秩序和规范，促进体育文化的健康发展和国际化传播。

三、体育文化互联网传播的基本策略

（一）坚守"以人为本"理念

体育文化的传播最根本的目的就是培养人们的体育意识，增加受众对体育的了解，使得人们可以进行体育锻炼，增强体质。因此，体育文化的传播对人们的发展显得尤为重要。在体育文化的传播过程中有利于人们树立正确的体育价值观。坚守"以人为本"的理念，在传播中健全全面发展的传播观，满足受众的不同要求。例如，在 2022 年北京冬奥会上，互联网站就推送了关于奥运会的精彩视频；腾讯网、新浪网都推出了一系列专题栏目，丰富了人们对于 2022 年北京冬奥会的了解。除此之外，新浪网还建立了奥运会互动社区，让受众可以切身体验其中的快乐。这一系列的传播形式在一定程度上满足了受众对体育文化的需要，并取得了良好的传播效果。

（二）培养品牌力量

品牌效应对于一个行业的发展是十分重要的。体育文化的传播要想具有竞争力，就必须建立良好的发展战略，实现可持续发展。例如，央视体育频道在利用有限体育文化资源的同时，还坚持了体育文化可持续发展战略，成为国际重大体育赛事报道和播出的固定频道。除此之外，一些地方电台，也在结合自身的特点寻求发展路径。

（三）采用多种渠道

新旧媒体的大融合已经成为大势所趋，新旧媒体之间各具优势，他们之间只有相互融合，形成互补优势，才可以取得长足的发展。传统媒体的优势在于：它的真实性是远远凌驾于新媒体之上的。新媒体的优势在于：传播速度快、传播范围广。因此，在进行体育文化传播时就应该加强传统媒体与新媒体的相互融合，优势互补，扬长避短，从而实现资源的快速化共享。媒介融合也可以提高体育文化传播的力度，实现体育文化传播的最终目的，造福于受众。现在受众接收信息的方式与途径越来越多样化，为了适应这一变化，体育文化传播自身也要进行必要的调整，在多个方面进行调整和改革，从而使在多媒体协作方面的能力有所加强，提高体育文化传播能力。

（四）促进文化交流

互联网时代有利于体育文化的进一步扩大与发展。早在中国古代，体育文化就开始发展与传播了，但是由于交通闭塞，各个流域与部落之间的交流少之又少，所以体育文化的传播是十分局限的。还有，由于受封建思想的影响以及受到门派、地域等一系列因素的限制，体育文化的交流是十分困难的。一些具有民族特色的民族传统体育由于私有或者是地方进行保护，得不到广泛的传播。在现代，随着经济的不断发展，体育文化的传播又不可避免地被贴上了商业化的标签。这些狭隘的思维都不利于体育文化的传播。互联网时代，网络具有生产与改造文化的功能，在对历史文化、异域文化的传播与发展方面具有传统媒体所不具备的优势，对于体育文化的传播发展起着至关重要的作用。

（五）健全传播体系

互联网时代环境下，所有的信息传播都是相互的，如果没有完整的传播体系，信息的传播就会枯竭。所以在利用互联网进行体育文化传播的过程中，要建立和完善信息传播体系，兼具开放性、包容性等特征，从而促进体育文化的传播。还要扩大在网络与现实等各个领域体育文化的影响力，增加受众。同时，新媒体作为互联网时代体育文化传播体系中的主体之一，应不断完善，提高整体素养。

第三节　体育文化的跨文化传播

一、现代体育文化的全球化发展

（一）现代体育文化全球化的含义

具体来说，体育文化全球化的含义主要从以下两个方面得到体现。第一，体育文化的全球化一方面体现出一种单一化的过程，表现为世界上各国的优秀的多元体育文化共同契合人类现代社会的发展内涵及精神，共同形成一种能够促进人类和谐发展的体育文化生态体系，且在价值观念上逐渐实现趋同化；另一方面，伴随这种单一化过程的是"民族化"和"多样化"，即多样体育文化存在于不同的形式，充分显现了世界体育文化体系的丰富性和多元民族文化的表现形式和内涵。第二，体育文化全球化是一个不断整合的过程，它将各种不同形式的体育文化整合在一起。体育文化整合的具体表现是，不同的体育文化逐渐积极地融入进同一个文化体系中。从深层看，"体育全球化"和"体育本土化、民族化"作为现代体育文化发展中出现的普遍现象和基本规律，是既相对立又相统一、相辅相成的过程。在体育文化整合的过程中，各个传统体育文化的民族性和独立性以及民族特色将会得到进一步的加强。最后呈现给世人的是，传统体育世界化和民族化的统一。

（二）现代体育文化全球化的重要性

全球化对于各民族文化发展的意义在于，既创造了丰富的资源共享环境又激发了在竞争中生存和发展的活力。中国具有民族性的体育文化全球化也同样面临着西方体育文化走进来的挑战和中国体育文化走出去的机遇。在这种情况下，一方面要积极应对挑战，另一方面也要抓住机遇把优秀的具有民族性的体育文化推出国门，在全球范围内弘扬和发展。

在全世界传承和发展中国体育文化的任务下，最主要的是先要认清中国体育文化全球化发展的价值所在。中国是一个历史悠久、文化底蕴深厚的大国，中国体育文化的生长有着富饶、肥沃的土壤，中国有已经为世界所熟知的武术文化、太极文化以及导引文化，还有上千项民族性体育项目，如蒙古族的摔跤、射箭、赛马，苗族的赛龙舟、荡秋千，藏族的赛牦牛以及多地都有开展的风筝、秧歌等，每一个体育项目都有着深厚的历史文化积累，都蕴含着中华儿女的智慧结晶。

加速中国体育文化的全球化进程，有益于其自身的传承和发展，让世界人民更多地了解中国的体育文化进而对中华文化有深刻的理解，让全世界首先从文化领域认识中华民族。同时，中国的体育文化全球化也为世界文化土壤注入了养分，为世界各国文化注入了新的活力，各国人民都会从中受益。总之，中国民族特色的体育文化全球化对世界各国国家层面的政治、经济的交流与发展以及群众层面的促进身心健康、提升生活品质，都具有非凡的价值。

（三）现代体育文化全球化的必然性

在全球化的背景下，中国体育文化的全球化发展是必然的，这是因为其全球化有着内在与外在的双重动力。

1. 体育文化全球化的内在动力

根据马克思主义的经济学理论，经济关系是一切社会关系的基础，作为人类精神生活及其活动产品的文化也不可避免地受经济基础的影响。中国体育文化，其发展遵循文化发展规律并融入文化全球化的内源诉求，这构成了中国体育文化全球化的内部动力。

2. 体育文化全球化的外在动力

世界各国的体育文化全球化并不是有序地、均匀地、平稳地进行的过程。全球体育文化的竞争格局中，西方竞技体育文化以其主导性来势迅猛，中国体育文化全球化必须努力争取中国体育文化的主体地位，保持民族的体育文化独立性以及民族特性，提升文化的竞争力。

总之，全球化的自觉性以及在全球化竞争中的所受压迫性，为中国体育文化的全球化提供了内部动力和外部动力，在双重动力的推进下其全球化的发展成为必然结果。中国体育文化全球化即现代性的全球化，它根植于现代性的蔓延和扩张，有赖于信息技术和传播技术的现代化发展。

（四）现代体育文化全球化的难题

1. 体育文化全球化发展动力弱

随着中国对外开放程度的进一步加深，各种外来体育文化进入到中国境内，在一定程度上对中国传统体育文化造成冲击，而部分传统体育文化更是面临着消失的境地。虽然中国社会经济的发展在一定程度上为传统体育文化发展创造了有利条件，但是与现代体育文化相比，传统体育文化仍然处于相对弱势的状态，而产生这一情况的主要原因在于西方体育文化的影响以及国人对于传统文化在一定程度上的轻视与价值观念上的不认同，进而导致当前中国传统体育文化在发展的过程中，呈现出外热内冷、后继乏力、衔接无序的情况，缺乏根本上的发展动力，进而限制了中国传统体育文化的进一步传承与发展。

2. 体育文化全球化发展差距大

就种类而言，中国传统体育文化可以被分为竞技体育、休闲娱乐体育以及健身养生类三种主要形式，由于自身在发展的过程中具备丰富的内涵，因而在时代发展的过程中被广泛传承。

3. 体育文化全球化发展不均衡

由于中国是一个人口众多且民族众多的国家，而这些民族在发展的过程中形成了不同的传统体育文化，这主要受到地理环境、位置、民族特点等方面因素与问题的影响，最终形成了百花齐放的状态，传统体育项目资源较为丰富。然而，在长期发展过程中，由于社会经济之间的不均衡性，使得各个地区的民族体育文化呈现出不同的特点，而其发展程度也不是十分均衡。

与此同时，随着近几年中国现代化工业、城市化的发展，原有地域传统文化之间的平衡逐渐被打破，外出务工民众的增加使得民族聚居人口数量不断减少，而且生活方式也在逐渐发生变化，这也就使当前中国传统体育文化的传承与发展载体被消减，进而影响到传统体育文化的进一步发展与全球化。

二、关于我国体育文化跨文化传播的创新思考

（一）创新中国体育跨文化传播体制

我国是体育文化资源十分丰富的国家，体育国际地位和影响都在不断增强，为此，我国需要研究并制定出更加有效的体育国际跨文化传播战略，尽快提高我国跨文化传播能力，提升我国在国际体育舞台的地位。为了实现这一目标，政府应该主导对我国体育跨文化传播的宏观调控。要尽快提

升我国体育跨文化传播的能力，政府的支持是十分重要的因素，包括建立体育跨文化传播机制，形成体育跨文化传播模式等等。目前我国政府还没有关于体育跨文化传播评估、监督机制，当务之急是要建立更加有效的体育跨文化传播管理模式。

我国民间体育跨文化传播作用还有待提高。以非政府机构参与体育跨文化传播会收到更好的效果。从全球角度来看，不同民族、不同社会群体间的传播与交流活动是跨文化传播的基本方式，以非政府机构或地方媒体参与体育跨文化传播会收到更好的效果。从全球角度来看，不同民族、不同社会群体间的传播与交流活动本身是跨文化传播的基本方式，可以采用以下几种形式：对于一些实力方面比较雄厚的传媒集团要想向全球性的媒体市场方面发展，就需要考虑借助西方主流媒体的优势，具体可以是通过收购或者参股等方式进行合作；加大同海外华文媒体的合作力度，建立面向所在地区民众的国际传媒，让本土媒体和民营媒体也能够积极走向现代化。

蓝海跨文化传播是一个典型例子。蓝海跨文化传播本是一家普通的不以营利为目的的民间团体。蓝海电视主要采取的方式是由国人制作英文电视节目来传播中国体育，让更多西方国家对中国的体育有所了解。蓝海跨文化传播促进会主导的英文类相关节目首先在纽约播出，以此来向西方国家宣传本国的文化，为西方主流社会提供了一个了解中国体育的渠道，同时也为中国的体育文化产品和体育文化推广提供了跨文化传播平台。

国家广播电视总局已经批准了长城平台在国外的运营，运营的负责机关是中国国际电视总公司。长城平台并不是一个普通的传播平台，它是由中央、地方以及相关境外的频道集成的传播平台。该平台目前已经在拉丁美洲、加拿大以及欧亚地区落地，并逐步向其他地区发展。由于世界不同地区观众的需求并不完全相同，所以长城平台的频道也向多样化方向发展，同时融合各个地区节目的优点，因为相应的服务方式也是根据当地的需求制定的，因此受到了播出地区的热烈欢迎，同时也受到华人和相关媒体的一致好评。

（二）加大政府对体育跨文化传播的资金投入

对于一个国家来说，经济实力是展现国家实力强弱至关重要的一个方面，对国家在全球的地位有着很大的影响。国家的经济实力越强越能掌握更多的先进技术和设备资源，相应的国际新闻也会更多。国家的经济实力与其传播实力有着非常密切的关系，经济实力是跨文化传播实力的基础，经济实力越强，相应的传播实力同样会增强。定位相同、内容同质的情况下，传媒规模越大，表现得更加有影响力。

在广阔的国际体育传播舞台上，每个国家都需要宣传自身的体育文化优势，树立自己的形象，传播自己的声音，很多国家都从战略的高度关注国际体育传播。

（三）构建面向全球的跨文化传播网络

当今一种很重要的传播途径就是网络媒体，在很多方面比如国际体育传播方面发挥着无比巨大的作用。一方面，网络媒体具有无地域限制、传播广泛的特点，能够发挥在全球范围内传播的优势，面向国际大众，达到覆盖面广，信息发布具有广度和深度的效果；另一方面，由于国际上通用英语，我们国家可利用英语进行方便的跨文化传播。近年来，政府部门的支持以及互联网和英语融合方面的优势作用极大加速了我国网络媒体在国际体育传播过程中的发展。除此之外，拥有巨大延伸空间的网络媒体还能实现即时性和稳定性、资讯性和服务性的完美结合，传播体育新闻还可以包括许多关于我国体育事业发展的常规性介绍。这对于提高我们国家的形象提供了很大的帮助。中国的人民网、新华网、中国网、中国日报网、中国国际广播电台网等在其中扮演着重要的角色，为实现目标发挥着不可小觑的作用。它们在不失主流媒体优势的同时，不断发展自身优势，而且也在提醒着我们几乎相同的定位并不是长期的发展目标，必然导致资源的重复和浪费。

面对全球化的国际形势，我国的体育跨文化传播工作需要具有全球化意识，让世界了解真实的中国体育文化。围绕这一总目标，需要建立有效的中国体育跨文化传播的互联网体系，整合国际国内传播资源，创建多层次、多领域的跨文化传播互联网传播格局，做好我国的国际体育传播工作。

（四）提升中国体育的国际话语权

中国体育文化和其他国家体育文化有共同的价值观，这是体育文化的重要特征，是人类体育形态能够共存的原因。体育文化的这种共同性，不仅要求对自己民族文化有深刻的认识，而且还要了解国际体育文化，并深入了解国际体育文化与民族体育文化的关系，需要体育文化传承精神和创造精神。

大力向国外传播的中国文化主要包括传统艺术、传统文化、传统音乐等。确实，中华文化博大精深，虽然如此，但这些只是传播中国文化的很小的一个方面而已。我们所要的民族文化的世界性，是让它受到世界的认可并流行起来，从这一层面上来讲，很多民族文化都不一定是世界的。我们的很多传统体育文化，即使在国内，也没有广泛承认，更谈不上流行，如何能让它们成为世界的？要真正有效而深远地传播中国体育文化，应该更多地提升中国体育文化特有的核心价值观念，提升中国传统体育的精神元素，创造中国文化软实力。

中国体育国际话语体系要与国际接轨，就是要以中国民族传统体育文化为基点，对自身体育精华和现代体育文化优秀成果进行跨文化传播，构建一种新型体育文化体系。我们通过跨文化传播，在东西方体育文化对话的前提下，对中国民族传统体育文化进行提升，创建更光辉的中国体育国际形象。

（五）增加中国体育跨文化传播的信息量、时效性和亲和力

增加中国体育跨文化传播的信息量。信息量是传播信息的数量和质量，是对信息确定程度的量度。当然也可以从信息自身的容量来考虑，作为一个量化的指标，信息量是一个规范的数量，信息量大的特点就是可以消除一些没有用的信息，比如重复信息和不相关的信息，如果不能做到这一点，那么信息量就小。中国在各类世界级的体育赛事上的活动都应该在国际新闻媒体报道，同时也要提高中国体育国际新闻的质量，能够让海外受众及时了解中国所参与的各种体育事件，及时反映中国体育动向。

所谓的时效性，是指信息的有效时间，一般对于新闻信息来说，都具有时效性，时效性越高，对于信息传播的速度要求就越高，想要抢占舆论的头条，就必须保证所发布信息的时效性，先入为主的理念在这个时候体现得尤为明确，只有时效性高的信息才能够获得真正的引导力量。讲求时效、争取主动是体育跨文化传播的重要原则。因为体育活动具有超强的时效性，在第一时间发出声音，有利于争取在国际体育传播中的话语控制权，实现良好的价值引导。体育跨文化传播，从某种意义上说是国际体育话语权竞争。

　　增加中国体育跨文化传播的亲和力也十分重要。中国体育跨文化传播的海外受众大致有这样几类：一是海外主流社会的受众，针对他们的传播必须用外语；二是海外华人，他们的母语是汉语；三是我国驻海外使馆以及商务经济机构人员，他们需要欣赏中国的体育活动。

第五章　新时代体育非物质文化遗产的保护与传承

第一节　非物质文化遗产及其特性

一、非物质文化遗产的相关概念辨析

（一）非物质文化遗产与物质文化遗产

物质文化遗产，也被称为有形文化遗产，是传统意义上的文化遗产。根据《保护世界文化和自然遗产公约》，物质文化遗产包括历史文物、历史建筑、人类文化遗址等。具体而言，物质文化遗产主要是指具有历史、艺术和科学价值的文物，包括不可移动文物和可移动文物。不可移动文物是指古文化遗址、古墓葬、古建筑、石窟、寺、石刻、壁画等。如果从历史的角度看，近现代重要史迹和代表性建筑，也是未来的文化遗产。可移动文物是指历史上各时代重要实物、艺术品、文献、手稿、图书资料、代表性实物等。

由此可见，物质文化遗产是文化遗产的基本类型，之所以被国际公约确定为保护对象，在于它包含着文化遗产的内核，即文化遗产的精神和观念价值，它必须具有"突出的普遍价值"，指的就是物质文化遗产的精神价值。而非物质文化遗产主要强调精神内涵，但不等于与物质没有联系。非物质文化遗产大多以有形的物质形式为依托和传承，如戏剧离不开道具，表演离不开服装、乐器等。所以"非物质"不是说与物质绝缘，没有任何物质因素，而是指保护重点是物质因素所承载的非物质的、精神的因素。二者相互联系、不可分割。尤其近年出现的一种新的文化遗产形式叫文化景观，实质上就是一种非物质文化遗产与物质文化遗产的混合遗产。如我国的武当山就是道教信仰圣地，同时又是美丽的自然景观。但是，两者之间的差异也是明显的。

第一，物质文化遗产的存在形式是有形的，是具体的"物"。"物"既是其存在呈现和传承的载体，又是传承的终极方式。因此，所谓利用物质

文化遗产就是直接占有、使用具体的"物"，保护物质文化遗产就是管理和保护具体的"物"。尽管使用、管理和保护某些"物"的人可能需要掌握一些专门的知识和技能，不过这些知识和技能与物质文化遗产的"文化"不具有必然的联系。不具有相关技能的人照样可以成为某个文物的所有人、继承人，而非物质文化遗产的展示和传承是"人"，通过人与人之间的精神交流完成传播。同一文化群体中的人通过口头语言、肢体语言，甚至一种观念和心理暗示就能完成文化信息的交换。传承者从前人、长辈那里习得专门知识、观念、技能，就能完成大部分非物质文化遗产的利用和传承，这些知识、技能、观念本身就是非物质文化遗产本身或者非物质文化遗产的核心内容。

第二，物质文化遗产是静态的文化遗产，不可再生，不能创新，为了代代相传需要采取保护措施，即对其损坏的修复和现状的维护。作为一种特定历史时期文化的记忆载体，不可复制。非物质文化遗产是活态的文化遗产，突出人的因素，靠人们一代代地传承而延续，并在延续过程中加入新的要素，得以创新和发展。可传承性依赖于人的主体地位，由人将一个民族或群体的思维和行为方式传递给下一代。传统文化的基因在一定时期具有稳定性，但随着社会文化生态环境的变化以及传承者本身的素质，包括知识、兴趣、主观经验的变化而不断变化。所以非物质文化遗产是具有时代性的，是主体自动传承发展的。如果说物质文化遗产既可以主动保护，也可以被动保护，即未经人们采取保护措施而任其自己存在。那么，非物质文化遗产的传承则不同，只能靠持有人有意识地向后传递，离开人们的积极行为是不可能自动存留和传播的。

第三，物质文化遗产是相对稳固的文化遗产，非物质文化遗产是比较脆弱的文化遗产。由于物质文化遗产是客观存在的物，不管人们是否有主观保护的意识，它都是一种客观存在，不管人们想附加它一种什么样的含义，它都有自己本来的含义存在。而非物质文化遗产则不同，传承人失去传承的动力而停止传承，或者社会环境发生变化排斥它的存在，往往导致它的消亡。特别是随着当代社会人们的生活方式、生存理念、价值观念的变化，一些古老的生活习俗和谋生的传统技能失去了存在的条件和被传承的动力，随着文化全球化步伐的加快，非物质文化遗产面临消亡的威胁，这本身就是一种必然，因为非物质文化遗产的产生与发展从来不能离开某个特定群体、在特定时期的现实需求。

（二）非物质文化遗产与精神文化遗产

精神与物质的对应性是我国许多人文学科的基本分类，而广义的文化通常被解释为人类创造的一切物质产品和精神产品的总和。"物质文化生产"产出的是"物质文化产品"，主要指物质生产方式和经济生活，是为了满足人类生存和发展需要所创造的物质产品及其所表现的文化。而"精神文化生产"产出的是"精神文化产品"，狭义的文化专指这部分产品，包括语言、文学、艺术及一切意识形态在内的精神产品。在我国文化语境中，一般可以简单理解成"非物质"等于"精神"，反之亦然。两者的范围有交叉，部分非物质文化遗产的确可以归到精神文化遗产的范围之内，如剪纸艺术、土碱烧制技艺、五粮液酒传统酿造技艺、扬州玉雕、苏绣、武强木版年画、天桥中幡、河南坠子等，都可以叫作精神文化遗产。五台山佛教遗址是我国物质文化遗产的代表作，而五台山的建筑艺术、设计构思等则是宝贵的古代精神文化遗产，不属于非物质义化遗产。

由此可见，在内涵和外延上，精神文化遗产比非物质文化遗产的概念和范围大得多。精神文化遗产不仅拥有文化行为、方式、事象和活动，同时还包括很多观念形态方面的文化元素，可以指各种行为规范、群体意识和价值观念的总和。近年来，随着人们对传统文化观念复活的希望，理论界越来越多地谈到文化传统的道德观念，倡导忠、孝、礼、义、廉、耻，这些都属于在中华大地流传了几千年的精神文化遗产，这些传统观念对于构建和谐的家庭关系、社会关系，反腐倡廉都有现实意义。但是，这些优秀的传统文化所包含的思想观念，只有当它们通过世世代代以一定的表现形式或形态被传承并展现出来的时候，才能被称为非物质文化遗产。

（三）非物质文化遗产与原生态文化

原生态，是一个新生的文化名词，是从自然科学借鉴而来的。生态是生物和环境之间相互影响的一种生存发展状态，原生态是一切在自然状况下生存下来的东西。社会公众接触这一概念是从中央电视台举办的民歌大奖赛，其中就有原生态唱法之说，因质朴自然，而显得清新、真实，深受都市观众的欢迎，从而被赋予很高评价，甚至与民歌相分离，成为独树一帜的歌舞表现形态。这种艺术形式得到电视观众的首肯，也刺激了各地艺术表演团体的灵感，非物质文化遗产资源丰富的地区便十分关注原生态文化资源的开发，掀起了文化复古热潮。它对普通百姓的影响主要是通过开发旅游活动，人们逐渐感受到各地旅游景点设计了许多新的表演形式，把它与当地居民生活有机结合在一起。如云南的《云南印象》、西安的《盛唐歌舞》等大型歌舞节目，便是散发着浓重的原生态气息的民族民间歌舞，经过现代人的再设计，利用舞台集中展现的传统艺术形式，其社会效益、经济效益俱佳。理论上人们可以从三个方面的含义理解"原生态"：①自然形态，即不做人为加工，未经修饰；②自然生态，即不脱离生存发展的自然与人文环境；③自然传衍，即与民俗、民风相伴的一种特定的生活与表达情感的方式。由此可见，原生态并不限定于民歌的演唱，凡未被现代材料和手段替代加工，仍保留或重现原始状态的文化艺术的各类表达都认为是原生态的东西。因此，"态"本义是指生物和环境之间相互影响的一种生存发展状态，原生态是一切在自然状况下生存下来的东西。

从文化发生学的角度看，原生态文化，就是产生于农业社会的早期，人类为适应自然而创造出的相对自然的文化形态，是农耕时代人类的一种生存方式，浸注着农民的世界观和人生观，反映着农业社会的社会情境和风俗习惯。由于生产力水平低下，人类认识和改造自然的能力很差，通过生产和社会实践积累起各种生存的技能技艺，不断地被世代改进和延续。当人们遇到不可抵抗的自然灾害时，既恐惧又无奈，只有借助于想象力去征服自然，关于宇宙自然及人类起源的神话、传说由此产生，甚至以行为来表达对天地、鬼神、祖先的敬畏。于是从祭天地到祭祖宗的仪式，从庆丰收到祈天赐的歌舞，各种仪式和曲艺都源于生活和自然，是应人们生存的需要而逐渐形成并得以发展的。从该角度讲，原生态文化属于非物质文化遗产，是非物质文化遗产的重要组成部分。

原生态文化与非物质文化遗产最大的区别在于范围上的不同，非物质文化遗产的范围远远大于原生态文化的范围，把原生态文化的范围限定在农耕文明时期，人类所创造的文化形态。而非物质文化遗产则不仅包括最古朴悠久的那部分原生态文化，还包括人类由农耕社会向工业社会过渡进程中的文化创造，甚至包括工业社会对原生态文化的发展。非物质文化遗产在近现代随着东西方文化交流的加剧，其形式变化是迅速的，但本质的内核并没有太大变化。而原生态文化由于自生于封闭的自给自足的自然经济，它决定了文化传播与发展的缓慢性。它不随时代变迁而变化，是非物质文化遗产中最初的和最本真的形态。

（四）非物质文化遗产与无形文化遗产

无形文化遗产分为三类：①基于物质形式而存在的。例如，传统文化方式，我国的地方戏曲就是基于舞台和复杂道具（戏服、曲目所需道具），以及舞台造型艺术和剧本等组成，其中的物质部分不可缺少。同时，像文化活动场所等，也离不开物质基础，如庙会。这些遗产始终保持着属于自己的文化或社会传统价值，并世代相传。②不需要以物质形式而存在的，如记忆、语言、歌曲等。具体而言，像各民族的语言文字，民间故事、神话传说、民歌等。③包括在构成有形遗产的文物之中，即文物所表达的象征和内涵意义。由此可见，"无形"和"有形"可以看作一件文物或一处遗址的两个方面。反过来则不成立，"非物质"不能包括"有形遗产"，这就是两者的区别。

对照公约和我国立法对非物质文化遗产的界定，无形文化遗产的内涵比非物质文化遗产要丰富，至少第三类无形遗产不能归入非物质文化遗产，或者说，至少从法律调整的重点的角度讲，许多文物是包含着丰富的内涵的，而且有历史意义。它受文物法保护，也可以说它作为一个具有特殊意义的物可以受到特别法的保护。这个法只要保护它的有形存在，就可以连带着保护了它的历史、艺术等方面的价值。反过来说，在没有文物法的国家，完全可以将无形文化遗产和非物质文化遗产画等号，即无形的文化遗存就是非物质文化遗产。

二、非物质文化遗产的分类

（一）立法分类

1. 国际立法

非物质文化遗产包括：①口头传统和表现形式，包括作为非物质文化遗产媒介的语言；②表演艺术；③社会实践、仪式、节庆活动；④有关自然界和宇宙的知识和实践；⑤传统手工艺。这些方面是对"非物质文化遗产"的外延或范围的表述，也就是非物质文化遗产的类型。从立法上讲，公约对非物质文化遗产的分类如下：

（1）口头传统和表现形式，是历史最为悠久的文化遗产和精神财富，包括民间传说、神话、诗歌、史诗等形式的口头表述以及作为其媒介的语言。它是非物质文化遗产的最普通的形式之一，有人类的地方就有这类文化遗产。

（2）表演艺术，既然是表演并称为艺术，就肯定高于生活，正如我们通常所说，它来自生活，它的艺术性也越来越强。从最初现实生活的集中重复或者称为特定场所的重复，上升为被夸张后的艺术，包括戏剧、音乐、舞蹈、曲艺、杂技、木偶、皮影表演等表现形式。通过唱、说、演奏、肢体语言等形式来塑造形象，传达情绪、情感，从而表现生活。它们大多都是口耳相传，甚至有些根本就没有师父，父母、伙伴就是老师，但也有专业演出者以此为生。

（3）社会实践、仪式、节庆活动。社会实践是一个太过丰富的活动集合，我们能够想到的人类有意识的活动都能纳入其中，但绝非我们活动的全部。所以，社会实践也指社会习俗，也就是我们生产生活中被世代重复延续的、有意义的风尚、礼仪和习惯等，可以涵盖衣食住行、岁时节庆、生产娱乐等方面的行为规范。当然，也包括文化场所，即那些有价值的并且定期举行传统文化活动的空间。

（4）有关自然界和宇宙的知识与实践。它包括农耕活动和知识，食物的保存、制作、加工，药典和治疗方法，动植物知识，宇宙观，天文和气象知识，历法纪年知识，算数方法等。这些知识就来自实践，是人们认识自然、改造自然的过程中逐渐积累的科学知识，尽管有些并不符合今日科学的观念，在实践当中甚至并没有起到积极的作用，但在没有更令他们信服的解决方案的情况下，这些知识和实践仍然被使用和传承，即使不能解决实质问题也能求得精神的满足。

（5）传统手工艺。它包括传统的工具器械制作、农畜矿产品加工、雕刻技艺、烹饪技艺、织染、编织扎制、陶瓷制作技艺、乐器制作技艺、人体绘饰技艺、食品的制作和保存技艺、金属采冶和加工等。传统手工艺品凝聚着手工艺者的智慧与血汗，不仅具有艺术欣赏价值，还具有实用价值。

2. 国内立法

在《中华人民共和国非物质文化遗产法》正式实施之前，为配合世界非物质文化遗产代表项目申报工作，我国开展了各级非物质文化遗产保护代表性项目名录的申报评审制度，将非物质文化遗产划分为两大类六小类。

两大类是指：①传统的文化表现形式，如民俗活动、表演艺术、传统知识和技能等；②文化空间，即定期举行传统文化活动或集中展现传统文化表现形式的场所，兼具空间性和时间性。

六小类包括：①口头传统，包括作为文化载体的语言；②传统表演艺术；③民俗活动、礼仪、节庆；④有关自然界和宇宙的民间传统知识和实践；⑤传统手工艺技能；⑥与上述表现形式相关的文化空间。

我国发布的第一批《国家级非物质文化遗产名录》将非物质文化遗产分为十种类型：①民间文学；②民间音乐；③民间舞蹈；④传统戏剧；⑤曲艺；⑥杂技与竞技；⑦民间美术；⑧传统手工技艺；⑨传统医药；⑩民俗。之后，国家又相继评审了三批国家级非物质文化遗产代表性项目，2011年颁布的《中华人民共和国非物质文化遗产法》正式将非物质文化遗产分为六类：①传统口头文学以及作为其载体的语言；②传统美术、书法、音乐、舞蹈、戏剧、曲艺和杂技；③传统技艺、医药和历法；④传统礼仪、节庆等民俗；⑤传统体育和游艺；⑥其他非物质文化遗产。

属于非物质文化遗产组成部分的实物和场所，凡属文物的，均适用《中华人民共和国文物保护法》的有关规定。

（二）理论分类

1. 根据可否被知识产权化进行分类

根据可否被知识产权化进行分类，可以将非物质文化遗产分成两大类，即可被知识产权化的非物质文化遗产项目和不可被知识产权化的非物质文化遗产项目。其本意为有些非物质文化遗产项目可以成为知识产权法保护的客体，而其他非物质文化遗产项目则难以得到知识产权法的保护。

（1）可被知识产权化的非物质文化遗产项目可分为以下三类：

第一，民间文学艺术。它主要指口头相传的神话传说、民间故事、史话、谜语、诗歌等；传统表演艺术，包括戏剧、音乐、木偶、歌舞、曲艺等表现形式，以及风俗活动、仪式、礼节中具有表演性质的部分和利用民族语言创作的民间文学艺术。如我国的皮影、剪纸、昆曲、古琴艺术、新疆维吾尔族木卡姆艺术和蒙古族的传统民间长调等。

第二，传统技能。它包括有关自然界和宇宙的民间传统知识及实践，具体指：有关大自然的观念，如传统节日；农业活动和知识，如拉萨甲米水磨坊制作技艺；药典和治疗方法，如中医生命与疾病认知方法；有关大自然、海洋、火山、环境保护与实践、天文和气象的具有神秘色彩的冶金知识，如阳城生铁冶铸技艺，南京金箔锻制技艺；以及传统的手工艺技能，如纺织技能与艺术，丝绸文化和工艺，缝纫、染色和图案设计，花木艺术，食物的保存、制作、加工和发酵，古建筑营造技艺等。其中代表传统手工艺技能的招牌、名称可归入第三类传统识别性标志中。

第三，传统识别性标志。它包括某一特定文化区域的名称、符号，反映某种传统手工艺技能来源的标志。如浏阳花炮、同仁堂中医药文化、藏医药、镇江恒顺香醋、茅台酒、杏花村汾酒、聚元号弓箭等。

知识产权保护的是人类的智力创造成果，而非物质文化遗产的这三类客体也都属于人类智力创造成果，因此如果能够具备必要条件，那么它们就可以获得相应的知识产权保护。这也就是人们之所以认为知识产权制度是保护非物质文化遗产较为理想选择的根本原因。

（2）不能被知识产权化的非物质文化遗产项目有以下两类：

第一，传统生活方式。包括社会风俗、礼仪、节庆，另外，游戏和传统体育与竞技、定居模式、烹调技术、确定身份和长幼尊卑的仪式、有关四季的仪式，以及不同性别的社会习俗，打猎、捕鱼和收获习俗等；还包括民间信仰、民族语言。其中风俗活动、仪式、礼节中具有表演性质的部分和利用民族语言创作的民间文学艺术可归入到第一类民间文学艺术中。

第二，和非物质文化遗产上述表现形式相关的工具、实物、工艺品及文化场所或文化空间。工具、实物、工艺品，就是各种可移动的文物或以古法制作的物品。文化场所或文化空间是指被确定为一个集中了民间和传统文化活动的地点。

第一项传统生活方式所蕴含的传统文化精神是最为丰厚的，反映一个国家或民族历史文化的长期积淀。它的受众是最广泛的，所谓民族的认同感、乡情乡音的亲切感在这类非物质文化遗产项目中体现得淋漓尽致，折射出一个民族世代相传的精神品格。所以，政府非常关注对民族风俗、文化的保护，如春节、清明、端午和中秋等在我国被确定为法定假日。但是，不宜在传统生活方式上设定法律上的权利，尤其在国内立法上，对社会风俗、礼仪、节庆等传统生活方式，不能采用知识产权模式进行保护，即除原住群体以外的任何人，无须许可都可采用这项风俗，过这个节日。至于在社会风俗、礼仪、节庆等生活方式中，可能涉及民间文学艺术或表演艺术，这些文化形式符合知识产权客体要求的，理所当然受知识产权法的保护。

第二项工具、实物、工艺品等并非典型的非物质文化遗产，应该说只是某些非物质文化遗产项目不可缺少的载体，作为非物质文化遗产的构成部分。从权利客体的角度看，它自然应该受民法物权制度的保护，也可以受到法律保护，但对这些物品，不适用知识产权保护。从文化遗产的角度看，文化场所是一个特殊的地点，这个地点是指可以找到人类智慧创造出来的物质存留，像有纪念物或遗址之类的地方。文化场所是传统生活习俗的物质载体，或者说环境依托，该场所通常并无商业利用的可能，不能作为私权客体，无须知识产权法介入。假如与地理标志制度有联系，其主体也不可能是个人。因此，可以尝试对这些文化场所由政府设置民族文化原生态保护区，采用行政手段加以保护。

2. 根据归属关系进行分类

非物质文化遗产可以根据是否为来源社区所独有分为私有的非物质文化遗产和公共的非物质文化遗产。由于非物质文化遗产的归属关系不同，保护非物质文化遗产的责任就有别。私有的非物质文化遗产并非仅指个人、家庭或一定规模的家族所有，也可以指来源社区所独有，是不对外公开的文化遗产。不对外公开并不是别人不能接触，而是其中的技术、诀窍、艺术等，行内所谓"门子"，是不公开的，父子师徒口耳相传。公共的文化遗产是来源社区自愿向外公开、传播的非物质文化遗产，不为来源社区所独有，如民间文学、传统习俗、民间音乐、民间舞蹈等，这些文化遗产大多是被一个族群，或一个社区的所有人掌握并对外公开展示和传播。

以归属关系分类可以确定传承主体，但如果上升到法律层面，尤其是私法保护的层面，将涉及私权意义上的归属，所采取的保护措施与一般公法保护也有区别。所以为寻找更可行的法律保护模式，再将非物质文化遗产进行细分成四类：私有的非商品化非物质文化遗产、私有的商品化非物质文化遗产、公共的非商品化非物质文化遗产、公共的商品化非物质文化遗产。对于私有的非商品化非物质文化遗产，即虽然不对社区或族群外公开，但也并非具有直接的商业利用价值。可是，一旦被公开利用，很容易被破坏，这就需要高水平的保护，如可以采用商业秘密的保护模式进行保护，禁止社会公众接触，禁止以各种未经允许的方式获取或传播，更不得进行开发利用。

对于私有的商品化非物质文化遗产，即不对社区外公开，但可以用来在来源社区或族群内部成员之间进行买卖和使用。不需要很高水平的保护，可以通过知识产权制度加以保护，如专利、商标制度、著作权制度等即可。来源社区内的成员之间有权合法地占有、使用这些产品，而对外可以通过知识产权制度处理。

对于公共的非商品化非物质文化遗产，可以在社区内外自由传播，但不能以营利为目的进行商业开发。不过，仍受法律保护，防止被不当利用。传承群体仍有权利通过一定形式加以控制，合理使用，如地方戏曲、曲艺等。

对于公共的商品化非物质文化遗产，即原持有社区居民或族群已经向社区外公开，可以通过市场行为进行商品开发、自由传播，如烹饪技艺、服饰习惯、方言等。社区居民可以对这些传统的技艺进行商标注册，通过许可使用制度，允许社区外的人使用，否则禁止模仿者开发利用。许多手工技艺类文化遗产都可以通过地理标志法予以保护。

三、非物质文化遗产的特性

（一）可传承性

遗产是人类前代遗留下来且被后代认为具有价值而享用或延续的财富。处于代际传承中的财富是遗产的本质，代际传承不仅标示了遗产特有的时间持续状态，而且也表明遗产所具有的特殊属性，那就是可传承性。非物质文化遗产的传承性，就是指其具有被人类集体、群体或个体一代接一代享用、继承或发展的性质。非物质文化遗产的传承性由其遗产的本质所决定。作为遗产的一种属性，传承性不仅属于非物质文化遗产，也属于物质文化遗产。也就是说，非物质文化遗产与物质文化遗产在可传承性上是有共性的。具体表现如下：

第一，非物质文化遗产与物质文化遗产都具有可传承性，即作为人类集体、群体或个体创造的财富能被后代人认同且乐意传承。当然，并不是所有人类创造的财富都能被后代人认可且传承，也就是说，并不是所有的财富都能成为遗产。在作为遗产的物质财富与非物质财富当中，当因价值认同而被后代集体、群体或个体享用、保护和继承的时候，这个文化财富就被赋予可传承性。例如，作为世界遗产代表的法国铁塔和我国的殷墟遗址、秦始皇兵马俑、长城、故宫等，它们之所以成为遗产、具有传承性，不仅仅因为它们是前代遗留的创造物，而且因为这些创造物具有被后代人所认可的价值和意义，且愿意并实际传承了它们。它们身上所积淀的历史记忆和人类的创造力、想象力和审美力，对后代仍具有魅力，成为后代学习历史，发展自己创造力、想象力和审美力的基础。同样，非物质文化遗产如我国的昆曲、古琴艺术、新疆木卡姆、蒙古长调等，之所以能够流传至今，正是后代人在其中获得了价值满足，从而赋予了它们的传承性。所以，物质文化遗产与非物质文化遗产都具有可传承性，这是由前代人在创造它们的时候赋予的价值延续性决定的，这种价值延续性使它们具有了可传承的性质。

第二，非物质文化遗产与物质文化遗产在传承过程中都是以物质为载体的。尽管二者是本质不同的文化遗产，在存在形态上有很大区别，如物质文化遗产以具体有形的"物质"形态存在，表现为像器皿、工具、建筑等具体的物质；非物质文化遗产以抽象无形的"非物质"形态存在，如仪式、工艺和艺术等。物质文化遗产本身是"物"，这个"物"既是本体又是载体，本体与载体合二为一；这个"物"是人化物，即马克思所讲的被人改造或精神关照的自然物。非物质文化遗产虽然表现为一种艺术、工艺或精神，但其在传承过程中往往以"人"这个特殊的物为载体，人是这种文化的创造者、传承者和享用者，同时又是这种文化的天然载体。没有人这个载体，非物质文化遗产是无法存在的，自然也就无法传承。

第三，非物质文化遗产与物质文化遗产在传承过程中都要保持一定的稳定性。就是说某种非物质文化遗产或物质文化遗产经过代际传承后，它的本质不能发生变化。当一个事物的量的变化突破了度的范围，该事物就会发生质变，也就是变成另一个事物。文化遗产传承是同质传承，不是新事物代替旧事物，这是遗产传承的基本要求。这种稳定性，对于物质文化遗产而言，就是保持遗产本身的完整性、原真性。比如说景德镇瓷器文物，传承的稳定性就体现为原样地继承和保存这个瓷器，在继承和保存过程中不能改变这个瓷器的原有面貌；对于非物质文化遗产而言，就是保持遗产的本质不变，如昆曲本质是一种用昆山腔表现的戏曲艺术，后代人在传承过程中可以丰富这种表演和声腔，但是不能改变这种本质，这就是稳定性。质的稳定是事物保持其自身的根本要求，也是遗产传承性的内在要求。

1. 传承的无形性

非物质文化遗产与物质文化遗产传承的载体都是有形的"物质"，非物质文化遗产的载体是人，物质文化遗产的载体是"物"。但由于二者本质及载体"物质"的特性不同，二者在传承方式上有很大区别。物质文化遗产的传承载体是"物"，即人化物，包括人的创造物，如工具、建筑、物品等，也包括被人的精神关照的自然物，如自然遗产等。它们之所以对人类产生意义，就在于其中凝聚了人的创造力、想象力和审美力，是和人类息息相关的具体物质。这些物质既是物质文化遗产的本体，又是载体，它们的传承实质是人类的代际之间进行的"物"的传递，因而物质文化遗产的传承总是和"物"密不可分，是"物"的平移运动，是有形的、具体的。

非物质文化遗产的传承载体是具有能动性的"人"，这个"人"既是非物质文化遗产的传承者、享用者，又是非物质文化遗产的创造者。非物质文化遗产的本质是其创造者和传承者共同参与的一种精神实践，因此非物质文化遗产传承往往是对这种实践中"精神文化"的传递，传承载体与传承对象是分离的，传承过程是通过代际之间人与人的精神交流，即口传身授、观念或心理积淀等形式进行的。所以非物质文化遗产的传承方式是抽象的、无形的。

2. 传承的多元性

物质文化遗产是一种静态遗留物，是人类过去特定历史文化的记忆凝聚物。如我国战国时期的青铜器，既是一种实用、美观的有形物，又积淀了战国时期人的实用观、审美观和器物铸造艺术等无形文化的记忆。有形物与无形记忆的合一，使其成为后代人眼中的物质文化遗产。传承这类物质遗产，既要传承有形物，又要传承无形记忆，而对无形记忆的传承必须以传承有形物为前提，也就是说，必须保证载体本身的存在和完整，才能最大限度地传承它所体现的文化记忆。

例如，我国的昆曲艺术，其唱做念打的表演艺术，既是历史的又是当下的，既有几百年前的传统要素，又有新的元素。再如我国的传统节日，如春节、端午节等，既有传统的元素，又有不断增加的新元素。所以，非物质文化遗产的传承，在方法上就不能只用传统的"博物馆法"。博物馆可以保护非物质文化遗产中的物质的器具，以及物化的非物质文化记录材料等。对于那些仍然活着的、具有生命的非物质文化遗产，在传承方法上只能运用切合其发展和更新规律的动态方法，即按照自己的规律让它保持生命力。由于非物质文化遗产是复杂多样的，所以保持非物质文化遗产生命力的方法，自然不是一成不变的，而是多元的。

（二）实践性

1. 实践的综合性

从文化遗产的构成内容来看，非物质文化遗产体现了人类实践的综合性。每一种非物质文化遗产都是各种因素的综合体。民族史诗往往与说唱、歌舞相结合，舞蹈也从未与音乐、装扮、器乐等分离过，戏剧更是文学、音乐、舞蹈、美术等的综合体。至于节日、民俗庆典、仪式等概莫能外。所以，非物质文化遗产的实践性具体表现为人类实践的综合性，可以将其概括为三种形态：形式综合（艺术形式的综合运用，物质和非物质形态的综合）、功能综合（多功能、多效应的综合，往往是非自觉的）和参与者的综合（群体参与、分年龄段参与、分性别参与及不分男女老幼的共同参与；分角色、分扮演、分工、分职责的参与等）。

2. 实践的集体性

就文化遗产创造者、享用者和传承者而言，非物质文化遗产与人类实践活动一样，是一种体现集体观念的集体行为的反映。这种集体可以是一个村落、一个地区、一个民族甚至一个国家。非物质文化遗产的创作往往是多个人共同完成的，是集体创作。这种集体创作既是同时代的人共同创造的，又是不同时代的人不断完善、发展的，而且，一种遗产的展示，本身就需要多人共同完成。此外，个人、个性化的创造也只有加入集体传承和集体形态中，才能成为非物质文化遗产的有机组成，在表象的深层构筑起一道"集体无意识"的风景。

总之，非物质文化遗产与其他文化遗产一样，具有实践性特点，具体表现为人类实践的过程性、价值性、多元性、综合性与集体性，所以，从人类实践角度考察非物质文化遗产，是理解其特征的一把钥匙。

第二节　体育非物质文化遗产

一、体育非物质文化遗产的内涵

体育非物质文化遗产，是体育文化的重要组成部分，是非物质文化遗产中的一类重要表现形式。它是在漫长的历史中创造和积淀下来的传统体育文化资源，充分体现了人类共有的体育文化价值观念和审美理想。

从存在方式和文化内涵看，体育非物质文化遗产是指那些被各群体或个人视为其文化财富重要组成部分的具有游戏、教育和竞技特点的运动技艺与技能，以及在实施这些技艺与技能的过程中所使用的各种器械、相关实物和空间场所。它既有与体育活动相关的竞赛程序、器械制作等身体运动内容，又有与各民族的社会特征、经济生活、宗教仪式、风俗习惯息息相关的传统文化现象，是一种"活态人文遗产"。

体育非物质文化遗产的提出，是对这一类珍贵文化形态的抢救和保护，是对濒危文化采取的一种记录、保存、评估、拯救、起死回生和人类共享的一项文化工程。体育非物质文化遗产的文化内涵应该包括以下几种层次或范围：现存原始土著民族的各种体育文化中的精华或代表性形态形式；一国中发达民族（或主体民族）的民间体育文化代表性形态和形式；一国中发达民族（或主体民族）的濒危性传统体育非物质文化遗产；一国中非发达民族（或非主体民族）的民间体育文化和传统体育非物质文化；各个民族、各个种族特殊形式的濒危状态的体育非物质文化（不受创造时间限制）。

二、体育非物质文化遗产的价值

（一）健身价值

健身价值是体育非物质文化遗产最基础、最直观、最突出的价值体现，如彝族摩尔秋、蒙古族搏克跳板、藏族传统马术、达斡尔族传统曲棍球竞技等，还有大众较为熟知的武术、射箭、拳术、摔跤、象棋等，其健身功能是其体育价值的直观体现。以武术为例，练习者通常要做到心、神、形共具一体，注重内外兼修，身体的躯干、肌肉和关节均能得到伸展，其中回环、跳跃、翻腾、跌扑等动作的锻炼能够有效提升人体力量感、柔韧性、平衡感、耐力等。又如太极拳，其动作刚柔并济，同时又会配合呼吸吐纳，注重调息运气和意念活动，长期练习对治疗多种慢性疾病和调节人体内在平衡均有良好的医疗保健作用。体育非物质文化遗产的这一健身价值作用在群体中，就是对国民身体素质提高的一种推动，国民的高身体素质水平也是当代社会文明和经济发展的重要标志之一。

（二）历史价值

体育非物质文化遗产本身就拥有上百年历史的发展、沉淀和传承，因此，它所展现出的历史价值就是对过往文明的影射和延续，是对不同时期、不同民族文化发展的记录和传承。体育非物质文化遗产的活态特征意味着它本身就是一个具有生命意义的表现体，所蕴含的是一个民族古老的记忆，能够帮助我们正确认识历史文化，与新的时代命脉相结合，在世代传承过程中依然显示出强大的生命力。比如四川省凉山彝族自治州的无鞍赛马，就展现出了凉山腹地的多重风格，是中国西南地区体育交流历史事实的重要记录和补充。

（三）文化价值

不同的体育非物质文化遗产的出处、环境等均各有差异，因此，所承载的文化价值也有所区别，从而形成文化繁荣盛况。以新疆地域为例，其体育非物质文化遗产项目和其他民族传统体育就展现了丰富的民族文化特色，如骑马和射箭等，展现出了新疆以屯垦农耕为主的体育文化特征，这是新疆的一种独特文化现象。其中还有以赛马、马术、叼羊、摔跤等项目所展现出的草原体育文化，以及以捕鱼、滑雪、冰上走马等项目所展现出的冰雪体育文化，等等。可以看出，一个民族的体育非物质文化遗产项目都与其自身的生活方式、生产方式、文化背景、思维方式等息息相关，若没有这些基本要素为依托，体育非物质文化遗产也就没有价值意义。

（四）精神价值

体育非物质文化遗产的文化价值是将体育本身与人、社会、精神等融为一体，使人达到形神共具、身心皆益的效果。其中最具典型的便是我国的传统武术，它是最讲究"精神"的一项体育运动，所传达的便是一种自然哲学观，注重的是"内外合一、天人合一、物我合一"，这一理念所传达出的也是中华民族历来所具备的一种精神价值和文化心态，即注重内在、意念、重合、直觉，这也可以理解为中华民族精神价值通过体育非物质文化遗产展现的另一种状态。同时，练习者在习武过程中要求学员必须要具备吃苦耐劳的精神，以及坚韧不拔的意志力，尤其是对于学生来说，对他们塑造健康的精神观念和良好的自信心都有直接帮助。此外还有广东醒狮，该项非物质文化遗产项目能够长盛不衰、历代相传，也与其传承的醒狮精神密切相关，即突破重重困境、坚定信念、自强不息，一直到今天，醒狮文化与其精神引领仍然在当代不断得到洗练和传承，演化出了既富有文化传统，又蕴含时代精神的文化特色。

（五）教育价值

首先，体育非物质文化遗产作为一项面临消亡的文化，国家以及社会都出于保护和传承的目的，不断将其工艺、技术、理论知识、审美等内容向民众普及，这一行为就是一项教育行动。

其次，体育非物质文化遗产本身蕴含了极为丰富的历史知识、地理知识、文学知识、科学知识等，这都是宝贵的教育资源，比如赛龙舟，便可延伸到有关爱国诗人屈原的相关历史知识，他引领中国诗歌走向了从集体转为个人独创的新时代，是中国浪漫主义文学的源头，其文学价值在教育上极具意义。

最后，体育非物质文化遗产所蕴含的道德内容同样具有教育价值，譬如武术非物质文化遗产中的"谦和仁爱""尊师重道""内敛恭肃""尚武崇德"等，不仅是武术领域中的传统德行要求，也是当今时代道德标准的规范准则。又如射艺，所注重的不仅是技艺，还关注人的内在修养、品行、思维，追求内心的"真善美"。可以看出，体育非物质文化遗产所囊括的正义、仁爱、善良、和谐等内容，都充分显示出了"遗产"的教化功能，在社会中发挥着重要作用。

（六）经济价值

随着旅游业的蓬勃发展，这些体育非物质文化遗产逐渐显现出其巨大的经济潜力。它们作为旅游产业中的重要组成部分，吸引了大量游客前来观赏、体验，从而产生了显著的经济效益。这种效益不仅直接提升了当地居民的收入水平，还通过相关产业链的延伸，如餐饮、住宿、手工艺品等，进一步拉动了整个地区的经济发展。

此外，许多体育非物质文化遗产项目本身就具有较强的竞技性、观赏性和娱乐性。无论是在当地的重要节日庆典中，还是在更大型的文化交流、比赛和表演舞台上，它们都能以其独特的魅力吸引众多观众的目光。这种广泛的参与和关注不仅增强了人们对这些体育文化的认识和兴趣，更为其传承与发展注入了新的活力。同时，这也为相关的商业合作、品牌推广等提供了广阔的空间，进一步放大了其连带经济价值。

以说，体育非物质文化遗产不仅是少数民族文化的重要组成部分，更是推动地区经济发展、促进文化交流的重要力量。在未来的发展中，我们应当更加重视对其的保护与传承，同时也要积极探索其与现代经济、社会的结合点，使其在新的时代背景下焕发出更加绚丽的光彩。。

近年来，随着体育非物质文化遗产保护工作的深度普及，越来越多的人开始注重非物质文化遗产文化保护和传承，与之相关的各种工艺品、服装制作产业也由之出现，极大地推动了我国体育非物质文化遗产在国外的传播，不仅成为国家经济发展的新兴产业，其所产生的经济价值也是不容小觑的。但是也正是由于其经济价值的显著，不少体育非物质文化遗产遭到过度开发，使得原本民风淳朴的体育非物质文化遗产生态保护区出现严重的商业化破坏，其文化价值也衍生出功利化趋向，这是当代人们在追求体育非物质文化遗产经济价值时需要注意的问题，务必在追求经济价值的过程中保持体育非物质文化遗产的本质特色，同时做好抢救和保护工作，有节制、有目标地进行经济开发，这样才能实现经济的可持续增长，同时实现体育非物质文化遗产保护和传承的目的。

第三节　体育非物质文化遗产的保护

一、体育非物质文化遗产的法律保护

非物质文化遗产保护是当前国内外广泛关注的问题，依法保护是最根本和长远的有效方式。体育是我国非物质文化遗产中的一颗璀璨的明珠，在法律保护过程中我们必须清醒地认识到存在的问题，积极探索解决问题的方法和途径，为《中华人民共和国非物质文化遗产保护法》立法提供必要的建设性意见，也为体育的保护提供理论依据。

（一）体育非物质文化遗产法律保护的依据

非物质文化遗产是指各种以非物质形态存在的与群众生活密切相关、世代相承的传统文化表现形式，包括口头传统、传统表演艺术、民俗活动和礼仪与节庆、有关自然界和宇宙的民间传统知识和实践、传统手工艺技能等以及与上述传统文化表现形式相关的文化空间。

我国的体育具有丰富的内涵，往往紧密融入民族和民间的民俗活动之中，尤其是我国的少数民族的许多祭祀性、纪念性、庆贺性、社交性、娱乐性等节日活动，与传统的体育活动结下了不解之缘。节日为体育活动提供了良好的场所和环境，体育活动又为民族节日增添了多姿的内容，体育往往作为一项必不可少的活动而传承，形成少数民族节日体育的庞大内容体系。

同时，我国也存在许多相对独立的体育活动形式，诸如武术、健身气功、踢毽等，是我国具有浓郁民族特色的击技、健身、养生活动，也属于一种传统的社交、娱乐、游戏活动，许多拳种已经列入国家非物质文化遗产保护名录。

传统武术是通过肢体的动作来表达人的意识、思想、情感等的运动，展现民族风貌，包含大量的口头传说、传统表演艺术、民俗礼仪、节日庆典、民间乡土游戏等，具备非物质文化遗产的基本属性，应当受到非物质文化遗产法律保护。

（二）体育非物质文化遗产法律保护的路径

1. 加快专项立法

由于非物质文化遗产具有自身的特性，加之我国民族众多，非物质文化遗产保护对象内涵丰富，在立法过程中可能增加了立法原则界定的难度，导致我国非物质文化遗产保护立法搁浅，期望国家积极组织力量加快立法的脚步。非物质文化遗产基本上由一个社区或群体集体创作，体现的往往是一个民族甚至一个地区、国家共同的文化传统。公法以公共利益为价值趋向正好契合了保护非物质文化遗产公共利益的渴求，保证人们可以从中获得民族的认同感与历史感及知识价值、审美价值、道德价值及生态价值等，可以超越狭隘的个人利益观，以公共利益为价值追求，最终提供丰富的有"文化内涵"的非物质文化遗产来满足人们的文化利益需求。

因此，公法保护有利于维护非物质文化遗产所体现的公共利益，有利于保持非物质文化遗产的原真性，有利于非物质文化遗产的保存与传承，有利于维护国家文化主权。

2. 充分利用相关法律进行保护

我国对非物质文化遗产的法律保护应建立一种相互协调的体系，可以形成宪法、行政管理法、国有资产法、知识产权法、民法等公法、社会法、私法部门综合管理和保护的体系。在我国尚未出台非物质文化遗产保护法律的前提下，建议对体育的保护应整合相关法律进行保护。体育的保护应当与文化遗产保护相协调。由于传统知识与文化遗产，特别是与非物质文化遗产关系密切，体育保护应该与传统文化（民间文学艺术）的相关法规保护相结合。目前，与非物质文化遗产保护关系最密切最成熟的法律是知识产权保护法。由于非物质文化遗产的开发、利用以及创新、发展，常常会涉及到知识产权问题，应充分利用现有知识产权制度对体育的保护。

因此，应坚持以行政法保护为主、知识产权法保护为辅的原则，尤其是体育非物质文化遗产具有公共产品的属性，并且兼具人文价值与资源价值，通过公法保护有利于守护其人文价值，而通过私法保护维护其资源价值，秉承非物质文化遗产的法律保护人文价值至上的原则，兼顾资源价值，实现公法保护与私法保护相互补充、相互协调，共同构建非物质文化遗产的法律保护模式。

3．鼓励地方立法

我国历史悠久，少数民族多，而且居住分散，文化风俗、地理环境差异较大，表现在体育项目上数量众多，风格各异，大部分少数民族体育项目只是在某少数民族内部开展得较为普及，其他民族和地区开展较少。

我国约有近千种少数民族体育项目，仅广西壮族自治区就有近百种。因此，地方立法能立足地方政治、经济与文化环境，灵活制定相关法律，细化法律，对已有法律和法规做出补充规定。国家在地方立法中给予技术指导，明确非物质文化遗产的类别，规范体育非物质文化遗产的归属。

4．加快配套立法建设

体育保护的真正意义，不能仅局限于传统体育项目的挖掘和整理，关键要使它可以在实际生活中得到传播和应用。如果仅仅把体育当作即将消失的宝贵遗产，被动地挖掘、整理，它就永远只是历史。目前，在体育法律法规中，关于体育保护的立法很薄弱，有关部门和地方应当在《中华人民共和国体育法》的基础上，加快制定相配套的法律、行政法规、地方性法规、规章和规范性文件，推动体育确认、立档、研究、保存、宣传、传承和振兴的进程。国家体育总局应当在体育保护过程中，充分发挥作为政府机构的作用，发布有关于加强体育非物质文化遗产保护工作的通知，推动体育系统积极参与体育非物质文化遗产的保护工作。

5．明确法律主体与责任

从一般意义上讲，法律保护的主体包括政府主体、社团性主体和民众性主体。在保护体育的多元主体中，民众是不可替代的主体。改革开放以来，随着社会的转型，体育在不断消失、濒危和变异，民众在一定程度上也在从体育的继承者、守望者转变为旁观者或开发者。当前不仅应通过教育、宣传等手段培养民众对传统体育的重视，而且更应在民族的经济发展和文化重建的社会实践中，重塑主体的民族自豪感，使之更加珍惜自己的文化及体育传统，以使民众成为名实相符的体育保护主体。

非物质文化遗产的保护很重要的一个方面就是传承，这就需要我们充分发挥教育机构、公共文化机构等在优秀非物质文化遗产传承、传播中的作用。体育非物质文化遗产保护还应当重视高等院校体育专业的建设，相关研究人员要在传统以武术为主的学科研究中，拓展研究领域，参与所在区域的体育的挖掘整理与传播工作。在专业课程体系中应当加强所在区域的地方体育的传承，并要积极探索体育与学校体育教育和全民健身的融合，拓宽传播的渠道。

因为非物质文化遗产是由特定的群体成员自然承袭的知识或实践经验，是群体的集体智慧和结晶，不是单靠个人社会成员的智慧和灵感完成的，而是其所在的群体或相关联的多个群体在长期的生产和生活中共同完成的，所以非物质文化遗产的主体具有非特定性。它的主体可以是一个国家、民族、族群、地区等群体，只有在特殊情况下，特定的自然人才可能成为主体。因此，政府是非物质文化遗产保护的重要主体。政府主体应当在不同类别的体育中承担相应的责任。同时建议，在立法过程中把"杂技与竞技"改为"杂技与传统体育"，或单独列为"传统体育"类，同时建议在今后的部际联席会议中增加体育系统的席位，加强研究与商讨，使体育在法律保护中有明确的归属。

6. 规范认定方式

在体育非物质文化遗产的认定过程中，应当克服"泛文化遗产论"，针对不问其价值和是否具备独立存在的本质特性，甚至对近年来出现的武术散打项目，也都认定为非物质文化遗产加以保护的现象，对待非物质文化遗产项目需要我们保持慎重的态度，防止把普查挖掘体育非物质文化遗产当成再造遗产项目。除此之外，民族交往的增多和文化的传播引起了体育的变迁，形成了体育相互交叉融合的局面，并随着民族交往的扩大，一些民族的传统体育活动中逐渐出现了异质文化的色彩，在挖掘整理方面要坚持保护、保存、保留面要宽的原则，用各种媒体手段进行整理与保存，为以后体育的研究提供翔实的资料，防止简单地对待某些体育非物质文化遗产项目。同时要树立整体保护的理念，非物质文化遗产的特点决定体育保护的中心在其"精神内核"，失去精神内涵的体育就失去了赖以生存的文化环境。

二、体育非物质文化遗产的赛事传承

少数民族体育作为中国宝贵的文化资源和体育资源，对民族文化的丰富以及体育运动的发展都有着特殊且重要的作用。区域封闭性以及地域局限性的特点决定了大多数少数民族体育运动的开展都只能局限于特定的区域、场所及群体，而难以被大众所广泛熟知、接受。虽然小群体及固定场所的开展有利于民族体育生态文化原味原汁地保存，但从文化的传承与推广角度而论这种现象则较为不利。

目前受多种条件的限制，许多优秀、珍贵的义化都在不断地遗忘、流失，甚至消亡，其中便包括一些体育类非物质文化遗产。为了推动民族体育运动项目的发展，社会各界采取了多种方法对民族体育进行传承与推广，如校园传承、赛事传承等模式，尤其是赛事传承模式对推动民族体育运动项目的传承与发展起到了重要作用。

（一）中国少数民族体育运动竞赛体系概况

奥运会作为世界上最具影响力的体育赛事，决定着许多运动项目尤其是一些边缘或冷项目的发展前景，尤其在当下中国体育体制下这种境况更是如此。若某项体育运动成为奥运瘦身计划下的牺牲品，那么国家对这项体育运动的支持力度必定锐减。相反若某项运动被奥运所接纳，那么此项运动的发展必定会迎来发展的大好契机，国家对运动项目的投入的经费必然也会大大增加，这种体制反应在体育项目层面亦是如此。

基于项目本身性质与属性的不同，虽然大多数体育项目未能建立如奥运会一样如此盛大的世界性体育赛事，但体育运动作为我国宝贵的体育资源和民族文化，其发展也得到了国家各个层面的重视，为了推动少数民族体育运动的发展，国家举办了较为系统的少数民族体育赛事，并建立了成熟的比赛体制与赛事发展机制，如全国民族运动会、全国邀请赛、省市以及县、学校民族体育运动会等层层递进、层层衔接的赛事体系。

如广西壮族自治区的少数民族体育竞赛体系除了省、市民族运动会，还会在每年的三月三日举办民族体育节，体育节的比赛项目以全国范围内较为主流的少数民族体育运动项目为主，如陀螺、板鞋竞速、高脚竞速、绣球等。体育节的比赛不仅有区内的各市、高校代表队，部分项目还邀请了省外的代表队参加。省外队伍的参赛不仅提高了赛事水平和比赛规格，且有利于推动不同地区民族体育运动的发展和交流。此外，2017年的体育节中陀螺项目的比赛还出现了留学生代表队，留学生代表队的参赛升华了比赛的意义和性质，同时还促进了我国民族体育文化的国际传播，提高了中华民族文化的国际影响力。

在国家级赛事级别上，除了每四年一次的全国民族运动会，还有每年的全国邀请赛，如陀螺、高脚竞速与板鞋竞速全国邀请赛等。从赛事的层次、结构、种类以及性质而论，目前中国少数民族体育运动竞赛体系都较为合理、科学。虽然较奥运项目民族体育运动竞赛体系还较为薄弱，但少数民族体育运动的地域性与民族性也决定了其很难与奥运项目站到同一高度，所以对此也无可厚非。

赛事体系的建立为少数民族体育的发展注入了最强有力的活力，在这种竞赛背景下，许多少数民族体育运动项目得到了当地政府的高度重视，并给予了人力以及物力等方面的支持。

（二）赛事传承下体育非物质文化遗产传承优势

1. 可获得长效、稳定的发展模式

一般而言，赛事体系尤其是高级别赛事的建立都具有传承性、稳定性的特点，不会轻易终止或中断。目前每一届奥运会结束之后经过短暂的休整，国家队便又进入到了下一周期的备战工作，而其中不乏群众基础薄弱、市场化程度低、竞技成绩差的运动项目。在这种背景下，只要项目处于奥运会比赛项目之中，运动队的备战训练便会同期存在、如期而至。虽然省级民族运动会与省运会相比，在影响力、重要性等方面存在着一定的差距，但在赛事的性质和地位上二者却处于同一层次，且民族体育运动会更能体现民族特色与区域特点。

在未列入省级或国家级民运会竞赛或表演类项目之前，多数少数民族运动的发展都是由民间力量主导，运动的发展呈现出随意性、无序化、零碎性等特点，缺乏官方的控制和调控。而如果被列入重要赛事的比赛项目，那么无论是政府层面还是民间组织对运动项目的重视程度都会大大提高。

在政府层面，相应的官方组织将会针对比赛组织力量进行正规化、专业性、系统化的备战训练。从民族体育运动的传承与推广角度来论，正规化、专业性训练将是对运动项目发展最好的传承方式，在本质上，其他任何传承方式都是以运动项目的训练为导向目标。此外，政府层面的备战训练也可以为运动的发展提供一定的资金支持，这对于推动运动的传承与推广有着极为重要的作用。政府官方组织、稳定的经费来源可使运动项目获得长效、稳定的发展模式。

2. 提高运动项目的关注度与影响力

竞技赛场作为运动员展现自我风采与运动魅力的平台，是体育运动宣传的最佳手段之一，许多运动项目从不为人知到被大众熟知都是通过体育赛场的竞赛来实现的，这也为一些项目的发展走出了关键的一步。

（三）少数民族体育运动纳入赛事的条件

虽然赛事的举办在一定程度上推动了一些少数民族体育的可持续发展，使一部分民族体育运动被列入竞赛或表演项目，但并不是所有的运动项目都有潜力被纳入到重大比赛的竞赛或表演项目中。那么这些民族运动项目的发展只能散落在民间无序化发展，而无法上升到官方或政府的高度。

进行针对性的改装或修饰是民族体育冷项目纳入比赛体系的关键所在。细细审视纳入到竞赛的项目便可发现，这些运动项目都有一定的特点，主要为项目符合现代人类对运动项目外在特征与内在的需求以及更加大众化、生活化、健身化与娱乐化等。民族体育运动尤其是冷项目运动进入到赛事的先决条件便是对运动项目的肢体特征、动作结构等进行变更，使其更加贴近当下人民大众对体育运动的需求。

以竞赛为契机将是推动民族体育项目，尤其新兴或冷项目发展的重要举措，将变更后的民族体育冷项目纳入到重要赛事的表演或竞赛项目赋予了体育运动最根本的发展动力，而这也是时下竞技体育运动发展普遍的规律和现象之一，同时这也是基于事物发展内在动力与激励机制的现实考量。

虽然赛事传承模式并不能从根本上改变和解决民族体育冷项目传承中所遇到的难题，但在当下的境遇中这种模式也不失为一种可供借鉴的方式。当然赛事传承模式也仅仅是一种建立在激励动机层面的活态传承方式之一，并不一定适合所有民族体育项目的传承，其他诸如校园传承、旅游传承、红色教育传承、公益宣传传承等方式也对民族体育运动项目的传承起到了重要的助推作用，基于民族与地方特色、立足社会生态与人文环境应是民族体育运动项目传承的理念所在，多元立体化的创新传承方式的构建应是根本所在，如此才能长效地推动少数民族体育运动的传承和发展，从整体上提升我国体育文化发展的质量。

三、体育非物质文化遗产的高校教育传承保护

（一）高校教育的实现价值

高校最基本的功能就是传承文化，是人类文化的传承场所。很多非物质文化遗产传统体育项目因民间传承人年老体迈，年轻的传承人又少，致使面临着失传的困境。体育非物质文化遗产是中华民族精神文化的重要标志，蕴含着民族特有的文化意识、深厚的精神内涵、独特的思维方式及生活方式。地方高校往往是一个地方的文化中心，有着独特的地域文化氛围，有责任保护当地的非物质文化遗产。因此，将体育非物质文化遗产纳入到高校课堂中，具有重要的实践价值。

1. 有利于增强大学生的民族认同感

我国体育承载着中华民族的价值取向。体育非物质文化遗产作为我国优秀的文化组成部分，凝聚着中华民族深层的文化基因，是增强中华民族凝聚力的重要源泉。将体育非物质文化遗产纳入到高校体育课程体系当中，让青年大学生切身学习体育项目，了解体育非物质文化遗产深厚的文化内涵，从而增强他们的民族自豪感和荣誉感，激发他们的爱国主义情怀。

2. 符合文化多元性的需求

多元文化教育的提出引起了学术界的广泛关注和学术探究。目前国内外学术界对多元文化教育尚未有一个统一的界定。在我国，多元文化教育被称为少数民族教育或多民族教育。高校作为人类优秀文化的传承地，需要文化的多样性，多元文化的传承、发展与创新也同样需要高校教育。在经济全球化的今天，文化生态的变化、多元文化的产生已经成为了一种潮流。

体育非物质文化遗产形式多样。地域性、生态性及原始的传承方式使其具有独特的文化特点。将体育非物质文化遗产引入高校课堂当中，既能够使传统的体育教学注入新的元素，给人们视觉的刺激，又能从灵魂深处给人们思想的启迪，深入地了解体育非物质文化遗产的文化内涵。只有这

样，高校的体育教学生态环境才能良性发展，学校才能在多元文化环境中保持永久的竞争力。

从某种程度来说，体育非物质文化遗产的消失意味着文化多样性的消亡。因此，高校的学术及传承必然得具备文化多元性、多样性及包容性。将体育非物质文化遗产引入到高校教育中符合多元文化的需求。

3. 利于青年学子实践与创新能力的培养

民族传统非物质文化遗产内容丰富，传统体育项目形式多样，非常适合学生身心特点的需要。体育非物质文化遗产的特点之一就是"活态性"，是一种活态的有生命力的传承。因此，教师需重视学生实践能力的培养。而要想保持体育非物质文化遗产的生命力，就必须在原有的基础上，在实践当中进行必要的创新。这就需要广大大学生参与其中，配合学校的专业教师队伍，深入到民间，与民间尚健在的传统体育非物质文化遗产的老年传承人或者年轻传承人进行深入的接触，将散落在民间的非物质文化遗产传统体育项目进行科学的整理、分类，并加以创新，赋予其新时代的教育、健身等价值。

4. 促使传统体育教学引起反思，深化教学改革

当今社会学校体育教育的目的是培养学生的终身体育思想。虽然学生有自主选择体育项目的权利，可以选择自己感兴趣的课程。然而由于教室、项目、场地、器材等条件的限制，许多学生并没有选到自己满意的体育项目。当今高校体育教学仅仅是运动技能的传授。学生们并没有真正地去了解、去探索运动项目背后的文化内涵，更谈不上终身体育思想的培养。像围棋、铜鼓舞等非物质文化遗产传统体育项目，内涵丰富、特色鲜明，符合学生的兴趣爱好和个性与身心发展的特点，将其发展到高校体育教学中，容易唤起大学生们的兴趣，更能促进终身体育思想的培养，也能够加快体育教学改革的步伐。

（二）高校教育传承保护策略

1. 构建学校教育目标

教育目标是教育改革与发展的出发点和归宿，对教育的各种活动起着重要的制约和导向作用。在高校体育教学中传承非物质文化遗产，必须要有明确的教育目标。

第一，树立学生"终身体育思想"的理念，培养他们对体育非物质文化遗产的自觉传承保护意识。

第二，对被列入非物质文化遗产的散落民间的体育项目进行搜集、整理，并加以创新，进行保护传承；③培养体育非物质文化遗产传承人，培养传承人对于民间处于濒危状态的非物质文化遗产传统体育项目的传承发展极为重要。传承是基础，传承的过程就是保护的过程。

2. 重视教材开发及课程建设

我国民间体育文化源远流长，地域文化特色鲜明，传统体育项目形式多样，是可供开发与利用的重要课程资源。将非物质文化遗产传统体育项目引入到高校体育教学的课程当中，就必须有相应的传统体育非物质文化遗产教材。教材是教师进行授课的基本依据。因此，必须组织有关体育人员及专家到民间调研、挖掘民间的非物质文化遗产的传统体育资源，进行整合、梳理、归类，并深入地挖掘整理其背后的历史渊源、演变过程、文化内涵。

教材的编写要本着让学生掌握所规定的传统体育项目，激发学生的兴趣爱好，符合学生的身心发展特点，培养学生的终身体育思想，以非物质文化遗产传承为主导。对于课程的设置也要合理，既要有体育非物质文化遗产理论性课程，又要设置传习性课程及拓展性课程。

3. 注重师资队伍的建设

在高校当中，进行非物质文化遗产学校教育，开设体育非物质文化遗产课程，并进行授课，就必须配备专业的教师队伍，这对体育教师提出了更高的专业知识要求，这也是一种提升个人知识、技能、文化修养的机遇。

第一，必须对现行的体育教师进行严格的岗前培训和考核，让教师对体育非物质文化遗产有一个深入的认识和完整的知识体系，无论是从传统体育项目技能的传授还是体育项目的理论内容的讲解都能够胜任。

第二，对体育项目技能和理论知识的教授分别配备专门的专业教师。体育教师要大胆地"走出去"，去民间、去调研，与民间大师、艺人进行交流、学习。还要大胆地"请进来"，将民间的体育的传承人聘请到学校中担任名誉教授进行非物质文化遗产的教学。

因此，从事非物质文化遗产传统体育项目的教师或者教练要不断提高自身的文化修养，对非物质文化遗产传统体育项目的相关知识进行深入的研究。

4. 重视对传承人的培养

传统体育非物质文化的表现和传承主要是通过口头讲述及亲身的行为来实现的，是一种"活态文化传承"。然而，很多民间传统体育传承人由于年老体衰，又不受到关注，民间的年轻人也不感兴趣，从而使很多传统体育非物质文化遗产面临着失传的危险，珍贵的文化基因将从此灭绝。因此，借助高校平台加强传承人的培养，只有达到非物质文化传承人标准的自然人才能获得非物质文化遗产传承人的称号。

在高校当中，进行体育非物质文化遗产的传授，有很多传习者，从一定程度上增强了人们对传统体育非物质文遗产的重视和自觉的保护意识。因此，要对那些对传统体育项目感兴趣的学生，或者有一定的技能功底的学生进行重点培养，应让他们深入民间、参与到作为非物质文化遗产的传统休育项目的搜集、整理、研究等一系列实践工作中，并与民间的非物质文化遗产传统体育项目传承人进行交流、探讨，不断提高自身的理论和技艺水平。

当今社会，多元文化的发展已经成为一种势不可挡的潮流。世界呼唤文化多样性。这对高校既是机遇又是挑战。体育的传承经过了漫长的历史，记忆着人类宝贵的文化基因。高校作为知识与信息的传播基地，又具有丰富的资源优势，理应对传统文化负责，理应肩负起传统体育非物质文化遗产传承的重任，将体育文化融入到校园文化当中，达到渗透到学生精神世界当中去的良好效果，培养青年学生的自觉保护意识，使他们自觉地去学习传统体育文化，培养出优秀的非物质文化遗产传承人。

四、体育非物质文化遗产传承人的培养与发展

（一）体育非物质文化传承人的权利

要明确体育非物质文化传承人的权利，首先要确定其权利主体。体育文化是一种历经千年的群体创造并经历千百年的历史沉淀与积累而形成的，并不是一个人或者几个人在短期内创造的。因此，在探究体育非物质文化的权利归属时，首先要确定的权利主体就是创造他的民族群体。中华民族群体具有大杂居、小聚居的特点，即相同的民族因地域分布不同，在生活习惯、信仰方面可能也不相同。

一般情况下，体育非物质文化遗产传承人是民族群体所有成员中的一员，精通某个体育项目的表演、传授等，且具有较大的影响力。可以明确的是，这些传承人是体育非物质文化遗产的掌握者、持有者、使用者，但绝不是该体育文化遗产的所有者。体育非物质文化遗产传承人拥有以下权利：

1. 传承权

"传承"一词是汉语词语中的新秀，"传"与"承"一般习惯于被分离使用。"传承"一词简单的释义：传授与继承。就此释义来看，体育非物质文化传承人的传承权又包含传授权和继承权。

传授权是指传承人将自己掌握的体育的技术、技艺传授给他人的权利，同时赋予传承人选择下一代传承人的权利。体育通过肢体动作语言表达其所蕴含的"民族精神内核"与"民族文化自觉"。传统民族体育项目的传承路径为"家族性传承"，传承人在下一代传承人的选择上首先考虑本民族社区的成员，以便能更好地体现本民族的民族精神。但是为了体育更好地发展与振兴，传承人有权利选择本民族社区群体以外的、适宜的且具有一定天赋的人作为下一代传承人。"言传身授"是体育项目的传授方式，传承人有权利选择其认为有利于该项目更好地保存与发展的传授方式，如借助现代媒体技术将经典的项目套路等录制成影音资料或撰写成文字等方式。

继承权是指传承人依法享有取得被继承人遗产的权利，因继承权在民事权利中具有排他性，这种权利与继承人的主观意志相联系，可以行使接受或者放弃。此处要指出的是体育非物质文化传承人的继承权有异于一般的继承权，其特殊性体现在继承人无特殊情况不得自行行使放弃的权利。

2. 署名权

署名权是指表明作者身份的权利，这是当前国内非物质文化遗产传承人争夺的主要权利之一。体育是一种肢体语言，传承人在对其进行传承、表演与创新等活动过程中所产生的产品就存在署名权的归属问题。体育非物质文化遗产传承人的署名权可定性为在体育非物质文化遗产传承人的传承、表演等活动中或者以此活动为契机所产生的作品中，标明此项体育非物质文化遗产的来源或者出处，表明传承人的姓名及所在社区群体的情况。署名权是传承人的身份权，是对其行为的一种认可，因此体育非物质文化遗产传承人的署名权不可以转让或者买卖。

3. 改编权

改编权是著作权领域的基本权利，是作者修改自己作品或者赋予他人修改作品的权利。由于体育非物质文化遗产在很大程度上很难被定义为作品，其传承人并非体育的创作者，因此，目前对于体育非物质文化遗产传承人是否拥有改编权存在较大争议。

传承人是创造体育的社区群体中的一员，他们是体育的持有者与掌握者，在一定范围内，适当程度的改编与创新有利于体育的保存与发展。体育非物质文化遗产的活态性决定了对其保护方式的灵活性与创新性。所以对传承人的改编权不应该由著作权领域相关规定给予限制，相反，应鼓励传承人对体育进行积极的改编与创新，使现代文化融入到体育的文明与民族精神中，以便形成适应现代社会的体育新面貌。

4. 表演者权

著作权领域的邻接权对表演者权进行了界定。表演者是指表演文学艺术作品的一切演员、歌唱家、演奏者、舞蹈家等，也指表演作品的人，但不包括运动员、马戏演员、魔术师等人。从概念来看，将体育非物质文化传承人归属到邻接权对表演者规定的范畴中可能有些牵强，但是，体育不同于现代竞技体育的运动员。为了体育非物质文化遗产的传播与保护，传承人对其进行表演时，有权利要求自己表演的节目以及直播、转播、录制、复制其节目时按照惯例公布传承人的情况以表明身份，这是表演者的人身权。传承人拥有表演者的人身权，人身权具有严格的专属性，只能由表演者本身享有，不能转让与继承，且不受保护期限的限制。为了使表演更具观看性，体育表演项目中表演者对套路的编排、服饰的选择等付出了相应的劳动，因此取得相应报酬是理所应当的，即体育非物质文化传承人拥有表演者的财产权。

5. 获得资助权

为了体育非物质文化遗产的发展，国家有义务对其直接或者进行政策上与资金支持，以鼓励传承人对该体育项目的进一步弘扬与发展。体育的所有者是创造它的整个社区群体，这个群体有权利享受国家与社会给予的人力、物力以采取相应的行动来实施相应的保护与发展措施。对于体育的少数持有者，国家和社会应当给予相应的资金支持，给予相关的生活保障，以便传承人全身心地投入到体育的保护与传承中。

知识产权制度对于保护的权利主体具有一定的期限，体育非物质文化遗产是一种存在了上千年的文化，从知识产权的保护客体来看，这种文化属于公有领域，其权利主体难以得到一般的知识产权制度的保护，用知识产权制度来保护体育非物质文化传承人的主体权利，不利于其可持续发展，因此对于体育非物质文化传承人的权利保护是一个持续的、长久的过程，不应设置保护期限。

（二）体育非物质文化传承人的义务

权利的获得是以履行相应的义务为前提的，权利与义务并存，确保权利主体利益均衡。近年来随着我国非物质文化遗产保护逐渐受到重视，其保护体系逐步完善，国家与地方政府部门开展了传承人的评选，并相应地颁布了各个级别的传承人认定与管理规章制度，对传承人的相关义务进行法律规定。非物质文化遗产代表性项目的代表性传承人应当履行下列义务：第一，开展传承活动，培养后继人才；第二，妥善保存相关的实物、资料；第三，配合文化主管部门和其他有关部门进行非物质文化遗产调查；第四，参与非物质文化遗产公益性宣传。

非物质文化遗产代表性项目的代表性传承人无正当理由不履行前款规定义务的，文化主管部门可以取消其代表性传承人资格，重新认定该项目的代表性传承人；丧失传承能力的，文化主管部门可以重新认定该项目的代表性传承人。2008 年对非物质文化遗产传承人的义务同样进行了规定，体育非物质文化传承人应尽的义务包括以下两点：

第一，在适当领域公开艺技，动员社会保护力量。"适当"即如果传承人所掌握的体育项目是家族性或者群体性的，那么此项体育项目可在这个群体社区内进行适当程度的表演、展览与研讨交流等，以便让这个群体中的其他成员充分熟悉与了解此项目。

第二，创新传承方式，培养传承人。传承对体育非物质文化传承人来说不仅是一项基本权利，也是其必须履行的义务。现代媒体技术的进步为体育非物质文化提供了新的传承方式，使其传承方式不再仅限于"言传身受"，传承人有义务将自己所掌握的体育项目进行拍摄与录制，制作成能够保存与传播的影音制品，以便新的传承人能以最新的方式对体育项目进行学习与掌握。充分利用网络媒体，在全国范围内传播体育项目，让除了本社区以外的更多人员了解此项目。传承人在录制出版发行体育项目影音作品时，必须标明本项目的创造者即创造这个项目的民族。

体育非物质文化遗产是中华民族伟大文化瑰宝的一部分，是中华民族历史发展的见证，也是中华民族智慧与文明的结晶。体育通过独特的肢体语言对中华民族深奥的民族精神、文化价值等进行阐释。各级政府通过共同努力将民族传统非物质文化保护与传承工作走出低谷并逐步形成一套严密的保护体系。在体育保护的进程中，其传承人的认定与保护工作是不容忽视的重要环节，只有明确传承人的法律地位，赋予传承人相应的权利，才能激发他们对体育非物质文化遗产保护与传承的热情。

（三）体育非物质文化传承人的保护机制

1. 统一规划，加强组织机构建设

目前，我国非物质文化遗产保护工作部际联席会议由文化和旅游部、发展改革委、教育部等九个部门组成，部门多。因此，建议各级体育行政部门设立专门机构，配备专业工作人员，统一规划，建立行之有效的管理措施和保护方案，联合文化和旅游部等相关部门，切实有效地做好体育非物质文化遗产及其传承人的保护与传承工作。

2. 科学认定，广泛开展普查工作

要想保护体育非物质文化遗产传承人，要广泛、有效地开展关于传承人的普查工作。我国各民族都有表现形式多样、内容丰富多彩的传统体育项目，对各类项目传承人的调查将是一个浩大的工程。因此，各级体育行政部门应组织专人进行专门调查，启动"中华体育非物质文化遗产传承人调查、认定、命名"项目，为保证该项目进行的科学性，可以委托民俗学、文化学等多学科专家共同参与调查、评定工作。

3. 建立档案，面向社会广泛宣传

对传统体育传承人进行调查，除传承人的基本信息外，对传承项目的名称、器具、内容或技艺、流传区域、传承谱系、传承人对该项目的创新和发展等信息应采用文字、图像、影像等方式以档案的形式完整地记录下来，建立我国体育非物质文化遗产数据库。国家体育总局可联合教育部、文化和旅游部共同编印相关资料，通过报纸杂志、广播媒体向学校、社会推介，使体育非物质文化遗产得到更广泛的宣传。

4．加大投入，保障传承人的权利

加大对传承人的资金补助，是为了保证传承人无生活之忧，能够安心传承。但是，政府津贴的发放是根据国家、省、市、县四级政府对各级非物质文化遗产代表性传承人的认定结果，若想完全依靠政府财政支持不太实际。因此各级体育行政部门要多渠道筹措资金，加大对传承人的资金补助，如通过组建体育非物质文化遗产公益基金等方式。此外，政府应充分调动传统体育传承人的积极性，鼓励传承人大力开展传艺、讲学、出版著作、表演等活动，保障其获得经济收益。

5．共同参与，为传承提供有力保障

对体育非物质文化遗产传承人的保护不能仅仅依靠体育行政部门的力量，还需要新闻媒体、学术界、商界人士以及社会团体的共同参与。作为传统体育传承人保护的决策者、组织者和统筹者，体育行政部门义不容辞；学术界应广泛开展学术研究，为传承人的保护提供理论基础；新闻媒体应利用舆论优势，对公众进行普及教育活动；社会团体及商界人士应在法律、资金等各个方面对传承人提供帮助。只有全社会共同参与，发挥各自优势，传承人开展传习活动才能持续、长久。

（四）体育非物质文化传承人的培养机制

在非物质文化遗产保护中，既要重视抢救"传承人"，更要加强培养"传习人"，这样才能使非物质文化遗产得以可持续地"世代相传"下去。传承机制的一个方面是保护体育非物质文化遗产传承人，而传承机制的另一方面是加紧培养传习人，让非物质文化遗产项目的传承后继有人，这二者缺一不可。

在目前体育传习人流失严重的情况下，教育及体育行政部门应采取有效措施，帮助传承人有计划地选拔年轻的传习人，以老带新，并为传承活动提供必要的场地和器材设施。

传承人应培养传习人的创新意识。创新是传统文化在新时期得以持续发展的原动力，在传习过程中，传承人应鼓励和支持传习人在继承传统的基础上不断创新，丰富其内涵，使之与时代相适应。

全国各类民族院校、体育院系应重视体育学科建设，利用高校的资源优势，培养知识结构合理、训练能力强、管理能力出众的高素质人才，为我国体育传承与发展提供人才保证。

（五）体育非物质文化传承人的权利保障

对体育非物质文化遗产传承人权利的保障，关系到传承人开展传承活动的积极性，进而关系到该项目的顺利传承与可持续发展。主要应从以下两方面予以保护：

第一，立法保护。从立法层面对传承人的权利做出规定，这是最根本也是最有效的手段。

第二，政府保障。在法律法规规定的同时，政府相关部门（体育、教育、文化和旅游部门等）要予以积极配合，落实鼓励和保障体育非物质文化遗产传承人开展传承活动的各项措施，解决传承过程中存在的各种问题，对做出突出贡献、极具社会影响力的传承人，应给予表彰奖励、授予名誉称号，以进一步提升他们的社会声望，调动他们的积极性。

对体育非物质文化遗产传承人保护、培养机制的多元构建，是现阶段我国体育学科领域一项新的课题，对它的重视与研究将直接影响到我国体育的未来发展。若要构建适合我国国情、具有较强操作性的体育非物质文化遗产传承人保护与培养机制，应从我国的实际情况出发，传承人、政府、社会各界共同努力，确保优秀的体育非物质文化遗产在祖国现代化建设和向体育强国迈进的过程中，发挥应有的作用。

第六章　信息化背景下民族传统体育文化的发展探索

第一节　"互联网＋"背景下传统体育文化的发展

目前，我们的发展环境正经历着"互联网＋"的时代。"互联网＋"可以说是站在巨人肩膀的一次全新的突破，"互联网＋"的出现，对国家社会民生的方方面面产生了潜移默化的影响。

"互联网＋"不单单是互联网和传统行业的简单相加得到的总和，而是对整个行业进行了一系列变革，并成为无处不在的提高效率的手段。"互联网＋"带来的效率的提升赋予了它们一种新的力量和变革再生能力。

"互联网＋"时代的到来也给民族传统体育自身发展带来了重要而宝贵的新机遇——互联网行业本身可以给体育带来巨大的人流量和可观的利润。互联网平台自身具有效率高、成本低、发展广泛、交付准确等特点，以年轻人为主的大量观众为传统体育发展提供新的人流量的优势起点，甚至给民族传统体育弯道超车提供了更多的可能性。

目前，新阶段下高速发展的"互联网＋"带来的影响效果，同其他行业一般，将互联网新技术和民族传统体育的发展相结合，充分利用、挖掘和发挥互联网优势，形成"互联网＋"民族传统体育发展的新模式、新生态，成为解决当前我国民族传统体育发展的一条必经之路。这对于成为时代的"互联网＋"传统体育发展理论的继承和丰富，以及传统民族体育的发展模式都具有十分重要的意义。

"互联网＋"概念的中心词是互联网，它是"互联网＋"计划的出发点。"互联网＋"计划具体可分两个层次的内容来表述。一方面，可以将"互联网＋"概念中的文字"互联网"与符号"＋"分开理解。符号"＋"意为加号，即代表着添加与联合。这表明"互联网＋"计划的应用范围为互联网与其他传统产业，它是针对不同产业间发展的一项新计划，应用手段则是通过互联网与传统产业进行联合和深入融合的方式进行；另一方面，

"互联网＋"作为一个整体概念，其深层意义是通过传统产业的互联网完成产业升级。互联网通过将开放、平等、互动等网络特性在传统产业的运用，通过大数据的分析与整合，厘清供求关系，通过改造传统产业的生产方式、产业结构等内容，增强经济发展动力，提升效益，从而促进国民经济健康有序发展。

一、"互联网＋"与民族传统体育相关概念及基本理论

（一）相关概念阐释

1. "互联网＋"

"互联网＋"是"互联网"＋各个传统行业，但这并不是简单的两者相加，而是利用信息通信技术以及互联网平台，让互联网与体育下属的分支行业或者民族传统体育的下属分支行业进行深度融合，创造新的发展模式生态。

2. "互联网＋"体育发展模式

"互联网＋"体育发展模式是指体育在互联网时代发展过程中通过对现有发展模式的现状进行论述分析，提炼其特点并加以分析与互联网结合而形成的相对稳定的标准样式。

3. "互联网＋"民族传统体育发展模式

"互联网＋"民族传统体育发展模式是指民族传统体育依托互联网在其发展过程中形成的相对稳定的标准样式。具体来讲，是指我国在各民族、各地域的体育文化特征相互作用而形成相对稳定的组合状态和构成方式。其类型应是体育外显的形态特征，而模式则是体育内隐的结构形态，也包括"互联网＋"民族传统体育选择原则、内容上的构成、类型上的优缺点分析对比、具体实施路径和创新保障机制完整的模式系统。

（二）"互联网＋"民族传统体育的理论基础——大数据

要研究"互联网＋"民族传统体育发展模式，离不开相应的理论基础，那就是大数据理论基础。大数据理论，最早是由全球知名咨询公司麦肯锡提出来的。大数据是以数据为本质的新一代革命性的信息技术，能为相关涉及到信息方面的领域提供核心支撑作用。大数据简单来讲就像一滴滴水汇成一片海洋，这个数据的海洋不仅容量大，有数不清的一滴滴的水珠般的数据，而且数据多样性超乎我们想象，每一个水滴都有着不一样的数据

类型，通过这一滴滴的数据水滴，想找什么样的水滴通过计算机都能在大数据海洋里找到，所以大数据在"互联网＋"时代至关重要。

当前，数据采集在数据应用领域中发挥着重要作用，其中传感器技术能够实时地提供智能化的数据传输。随着物联网技术的不断进步，这种传感器在运动训练和竞技比赛中的应用也日益广泛。它们可以被灵活地置于运动员的大腿下方，不断收集和产生海量的数据。穿戴式设备作为一种便捷的数据捕捉工具，能够实时记录运动员的运动数据，同时对他们的表现进行即时监控。借助先进的运动捕捉技术，我们能够即时获取并跟踪运动员的详细运动数据，如射击、控球、传球以及跑动距离等，这些都是我们进行分析的"基础数据"。不仅如此，即使是运动员在比赛中的一些细微动作，例如擦汗，也能被这些设备精准地捕捉到。在比赛结束后，这些数据可以被用来生成动画效果，进行"重置回放"，以便我们更加深入地分析比赛结果和数据。这种技术的应用无疑为我们提供了一种全新的、更为精准的方式来理解和评估运动员在比赛中的表现。

运用大数据的目的就在于提高运动员的身体素质和运动精度。通过训练、备战、比赛、数据分析等一系列活动并获得对应的数据处理，运动员可以实时得到反馈，从而更好、更有效地训练。教练员还可以根据即时反馈的数据及时调整技战术上的策略和布局，进而提高运动员的技术和战术水平，并且优化运动员的实时表现和场上表现，以达到更好的效果。

民族传统体育宣传的目的就是提高人们对传统体育的兴趣，改变人们对民族传统体育的认识。与以往的宣传相比，大数据时代的宣传发生了很大的变化。主要体现在三个方面：优化宣传渠道、准确的信息推送和即时互动。大数据可以实现精确的信息推送。所谓的精确推送意味着大数据推送的每一条信息都是人们所需要的信息。准确度也是基于搜索引擎产生的大量数据分析。根据微博、浏览器网络浏览、搜索行为、消费数据、社交媒体上的评论数量，根据民族传统体育的年龄、结构、兴趣等特点对这些关键词进行分类。通过对数据的综合处理分析，得出分析结果，并根据分析结果推导出民族传统体育爱好者的基本信息，便于针对性地进行推广和宣传。

目前，由于获得的数据不是特别准确，还无法实现全面、准确的推送。例如，QQ 空间中"可能的人"功能是基于人们加入的小组、离开的学校、个人资料、家庭地址、工作信息等信息产生的。民间体育的推广也可以利用大数据进行推广。这种技术优势基本实现了民族传统体育的相对准确有效推广，提高了推广的效率，减少了无用信息的干扰。

大数据理论不管是在"互联网＋"体育发展模式的应用，还是在"互联网＋"民族传统体育发展模式的应用，都为这两种模式发展的过程中提供了数据上的参考和借鉴，可以说是为"互联网＋"民族传统体育发展模式提供了理论支持与帮助。

二、"互联网＋"民族传统体育发展模式具体实施路径

（一）重视宣扬民族传统体育文化

国家层面要大力宣传民族传统体育文化，引起全社会群众对民族传统体育文化的关注，看到民族传统体育搭上"互联网＋"取得的一系列成果。国家层面还应当成立专门民族传统体育文化保护小组，通过一定的资金扶持，加大对民族传统体育后继人才物质和精神上的支持，给予专项资金的支持，从业者也能获得一定的从业津贴。在教育层面上，当地政府应该将当地带有民族传统体育特色的课程融入到体育教学中去，国家从上层建设真正地重视起来，"互联网＋"民族传统体育在政府的支持下才能发展得更好。

（二）重视民族传统体育大数据库建设

无论是哪一种"互联网＋"民族传统体育的发展模式，始终都离不开"互联网＋"这个大背景，那也就必然离不开"互联网＋"的核心理论——大数据理论。随着时间的推移，民族传统体育的大数据库的内容也在日益丰富，所以国家体育总局有必要建立专门的民族传统体育大数据库，便于民族传统体育的研究人员和爱好人员能及时获取民族传统体育相关的信息。

（三）重视复合型"互联网＋"民族传统教学后备体育人才培养

"互联网＋"民族传统体育发展模式同样也离不开人的发展。在培养开设传统民族体育专业的各大院校中，综合性院校和师范院校开设传统民族体育专业尤为广泛，专业主要开展武术、传统体育养生和民族民间体育活动。我国部分高校民族传统体育专业应克服传统民族体育课程和教学内容的不足等问题，增加专门内容，突出特色，提高选修课比例，使课程设计与社会知识和人才结构相适应。

互联网是科技应用飞速发展的时代。互联网的使用对人们的操作使用提出了更高的要求。它不仅要求用户对"互联网＋"技术自身有深刻的理

解和熟练的掌握，还要求用户快速有效地从互联网上提取有用的信息，对信息进行组织、分类、存储和使用，为其研究奠定坚实的数据基础。学校课程应积极融入"互联网＋"相关特色课程。体育专业学生还应学习计算机语言相关课程，提高编程能力和逻辑思维分析能力。体育专业学生应该积极改变自己的看法，摒弃基于体育运动单一技术高低的看法，努力将自己打造成复合型传统体育科技人才。

要培养双层次的传统体育人才，应根据我国民族体育的发展，制订相应人才培养计划。完善民族传统体育人才评价体系，优秀传统体育人才应具备扎实的专业知识基础、突出的管理自我能力和实践能力。随着时代的快速发展，解决民族传统体育人才知识更新的落后问题势在必行。建立民族传统体育人才培养机构也是十分必要的。可以建立国家和地区性的非政府体育培训机构。在人才培养方面，要结合当前国家体育的实际工作，确定实际有针对性的培养内容，重点培养地方人才。

建立"互联网＋"国家体育专业。鼓励高校和研究机构根据实际情况确定研究方向和利用资源，有利于促进国家体育事业的发展。高校也可以根据形势和人员发展的需求，打造"互联网＋"民族传统体育专家群体，开展长期的后续研究与保护，投入专门的资金保障，促进理论与实践相结合，将最新的"互联网＋"理论应用于民族传统体育的实践中去。

三、"互联网＋"民族传统体育未来发展趋势特征

随着上述"互联网＋"体育发展模式的出现与发展，新的组合模式也在不断涌现，表现为以可穿戴设备同"互联网＋"体育软件融合引领体育科技、大数据精准切入用户对体育需求痛点和体育人工智能促进人们参与到体育中去等发展趋势。

（一）可穿戴设备同"互联网＋"体育软件融合引领体育科技

随着人类对体育产品的消费需求升级，运动手环、心率表等运动装备的功能日益完善，原先这些设备的功能只是记录步数和心率，但是随着后期研究人员的不断发展，能够促进人参加体育运动的功能将会设计出来，光有先进智能的可穿戴设备还不行，还需要有与之对应的"互联网＋"的信息接收指令处理平台。外在的穿戴设备用以接收用户的体育活动数据，并传输回"互联网＋"应用平台上，用户得以感知和了解自己的运动信息，

也鲜明体现了可穿戴装备与"互联网＋"体育软件的互联互通特征。

（二）大数据精准切入用户对体育需求痛点

大数据是巨大、高速和可变的信息。它需要一种新的方法来进一步提高决策能力、洞察力和优化能力。大数据为用户提供了前所未有的空间和潜力，以提供更深入、更全面的体育见解。通过使用大数据和相关技术，我们可以针对目标用户的体育行为特征，从向合适的用户提供产品到向用户推荐合适的产品，更注重用户个性化的精准营销。大数据时代的精准营销是指通过大数据、行为偏好以及不同对象的不同营销来获取对象偏好。大数据精准营销的核心简单来讲可以概括为几个关键词：用户、需求、认知和体验。未来，大数据将在"互联网＋"体育应用中发挥越来越重要的作用，并将得到更广泛的应用。大数据可以说是"互联网＋"的核心所在，它是"互联网＋"的生命源泉，每一个细小的数据点点滴滴汇成了"互联网＋"的汪洋大海，"互联网＋"最大的魅力就是通过大数据了解人类的需求，也进一步促进人类全方面地发展和提升。

（三）体育人工智能促进人们参与到体育中去

未来的一个趋势是全球越来越面临着人口老龄化，新生儿减少，青年劳动力人口大幅减少，但随着科技创，人类设计出模仿人类的人工智能作品来更好地服务于人。人工智能的出现，试图解放人体和大脑，进一步剥离主观和客观的世界，客观上能够更好地服务于主观，突出"人"的主观地位，使人们更加悠闲，更舒适、更高效，进一步解放人类。体育的作用不仅是让人类的身体得到锻炼，而且是促进人类心理（包括认知）、精神乃至社会整体的健康发展。或许有一天，人类能跟机器人进行同台竞技，人类有了体育智能机器人的帮助和陪同可以更愉快地参与到运动中。

第二节　新媒体环境下传统体育文化的传承创新

新媒体，也叫新兴媒体，是一个相对的概念，是相对于报刊、广播、电视等"旧"媒体而言的新的媒体形态，包括网络媒体、手机媒体、数字电视等。从宽泛的角度看，利用数字技术、网络技术，通过互联网、宽带局域网、无线通信网、卫星等渠道，以及电脑、手机、数字电视机等终端，向用户提供信息和娱乐服务的传播形态，都可以纳入新媒体的范畴。所有这些媒体形态，都具有交互性与即时性、海量性与共享性、多媒体与超文本、个性化与社会化等共同的特点。从革新的角度看，技术上革新、形式上革新和理念上革新，都可以称为"新媒体"。不过，从更根本的角度看，只有综合形式、技术和理念的革新，并以理念革新为核心，才是具有普遍意义的新媒体。

因此，严格地说，只有数字化的革新性的媒体，才是新媒体最普遍、最核心的特征。联合国教科文组织关于以数字技术为基础，以网络为载体进行信息传播的媒介的定义，基本上抓住了"新媒体"这一概念的实质——数字技术、信息传播。

新媒体的出现为民族传统体育文化的发展带来了机会。网络技术覆盖世界各个角落，各种信息以图片、视频和文字等方式通过网络向世界各国人民推送，无论身处哪国，都能做到足不出户而晓天下事，民族传统体育文化可通过此途径进行推广传播。

一、民族传统体育新媒体传承创新的构想

（一）新媒体环境下民族传统体育传承创新的内容

新媒体环境下民族传统体育传承的内容构建是整个传承创新的基础。具体而言，新媒体环境下民族传统体育传承的内容构建，主要涉及传承内容的选择原则和传承内容的基本构成两个方面。

1. 新媒体传承内容的选择原则

如果说新媒体环境下民族传统体育传承的内容构建是整个创新的基础，那么新媒体传承内容的选择原则则是整个创新基础的导向。总的来看，新媒体环境下民族传统体育传承创新内容必须坚持正确性、科学性、人文性和有效性四大原则。

（1）正确性原则。所谓正确性原则，也即坚持正确的政治导向。要建设社会主义文化强国，增强国家文化软实力，必须坚持社会主义先进文化前进方向，坚持中国特色社会主义文化发展道路，培育和践行社会主义核心价值观，巩固全党全国各族人民团结奋斗的共同思想基础。为此，要紧紧围绕建设社会主义核心价值体系、社会主义文化强国的要求，积极地选

择一批能够服务深化文化体制改革、加快完善文化管理体制和文化生产经营机制、建立健全现代公共文化服务体系、现代文化市场体系，推动社会主义文化大发展大繁荣的民族传统体育项目和文化，使之得到良好的传承和长足的发展。

（2）科学性原则。所谓科学性原则，强调对科学技术的倚重以及与现代伦理的契合。新媒体，作为一种基于网络和信息化的创新媒体形态，凭借其高度的智能移动性和强大的社交网络特性，在信息文化的传播上展现出了比传统媒体更为深远和广泛的影响力。然而，中华民族的传统体育文化，由于其深厚的历史积淀、多样的民族特色和广阔的地域差异，所蕴含的高度传统化的信息和文化内涵，往往使得其他民族和地区的人们难以理解。同时，其中也存在一些与现代价值伦理不相符的元素。因此，在传承和发展中，我们必须坚持科学性原则，既要利用新媒体的优势推动传统体育文化的传播，也要对其进行适当的现代伦理调适，以适应现代社会的发展需求。

（3）人文性原则。所谓人文性原则，即坚持以人文精神为核心与旨归，坚持人文体育。从根本上说，这是一种文明、理性、以人为本的体育，并主动表现体育对人类生存意义和生活价值的终极关切。因此，不管是基于多么科学先进的新媒体，还是弘扬多么现代的伦理，文化的传承与创新归根到底都需要坚持"以人为本"的理念。中国民族传统体育文化重艺术、重意境的特点，从根本上说，有助于人文精神的保存、传承与发展。

（4）有效性原则。所谓有效性原则，即有机地把正确的政治导向、科学的体育传播技术、人文的体育精神有机地结合起来，使之形成一个均衡、协调的整体，进而有效地传承与发展。如果过于简单地侧重于正确的政治导向，而忽视民族传统体育自身的地方民族性与历史传统性，那么不仅可供传承创新的民族传统体育将会被不当地人为压缩，进而恶化某些民族传统体育的生存生态，而且还会破坏传统文化自身的生存特点与发展规律，进而扰乱整个民族传统体育的发展轨迹。同样，如果只坚持正确的政治导向和科学的传播技术，而忽视了民族传统体育的人文精神，其不良后果将是难以估量的。

2. 新媒体传承内容的基本构成

体育文化体现在各个层面。其中，物质层面、制度层面和精神层面又最为突出，最能体现体育文化背后的民族性与传统性。因此，可以将新媒体环境下民族传统体育传承创新的内容，主要着眼于物质、制度和精神三个方面。

（1）物质层面的内容。体育文化的物质层面，主要涉及开展和保障体育运动所需的各种设备、装备、器械、场所、场地等，这些内容对所有体育，包括民族传统体育而言都是最为基础也最为根本的。因此，从物质层面对民族传统体育的内容进行选择的时候，既需要依照一般体育活动应有的物质层面的需求，也需要结合民族传统体育的具体物质要求，有针对性地加以选择和确认，在此基础上进行维护、保障和发展，使之不断得以完善。

（2）制度层面的内容。体育文化的制度层面，主要涉及开展和保障体育运动所涉及的项目、类别、动作，以及运动员、裁判员、仲裁员和有关人员规则规范的一整套的法律法规，这些制度性内容的制订和完善，对体育运动的有效开展起到规范作用。从更深层次来看，这些制度的制订和实施，也是确保体育运动的安全性、公平性、公正性等价值追求和价值实现的基础保障。不同项目、不同类别的体育运动，往往需要有相应的不同的制度，因此，制度体系的完善性至关重要。

（3）精神层面的内容。不同于体育文化在物质层面和制度层面的继承的直线性，精神层面的体育文化的继承则显得较为曲折。体育器械、体育设备、运动装备、运动场所等物质条件，运动项目、运作动作、动作规则、体育法规等制度内容，都可以有较为清晰的判别，尽管也会涉及争论，但是终究可以直线发展，随着时间的推移而自然增长和逐步发展。但是，涉及价值、思想、伦理等内容，体育文化的精神层面却很难类似地发展。因为，体育文化的精神层面深受社会的政治、经济、文化等因素发展的影响，存在着多方发展、多方博弈的过程。

如果物质内容、制度内容和精神内容等得以完善与协调，那么各个种类、各个民族的民族传统体育的传承，不管是竞技性民族传统体育，还是非竞技性民族传统体育，它们通过新媒体的形式得以有效地创新，也就有了较为坚实的基本保障。

（二）新媒体环境下民族传统体育传承创新的路径

确定了新媒体环境下民族传统体育传承的基本内容，关键的一步还在于选择恰当的路径，确保新媒体传承创新真正发挥实效。总的来看，新媒体环境下民族传统体育传承的路径选择，最为根本的在于传承的形式和传承的介质。

1. 新媒体传承内容的主要形式

在传播内容既定的情况下，传播形式的策划和选择，就变得极为关键。可以说，传播形式的好坏，直接关系传播受众对传播内容的了解、理解与认可与否，及了解、理解与认可的程度。因此，我们必须有针对性地，就不同内容的民族传统体育活动与文化，配以与之相适宜的传播形式。

（1）基于网络化和移动化的电视平台，不仅可以通过各级卫星电视和地方电视台的各类新闻频道、体育频道，还可以通过各类综艺频道，传播和展现民族传统体育赛事、活动和文化，使民族传统体育的受众得以超越既定人群、既定地区，影响范围更广的群体，达到更深入、更深刻、更先进的文化传播与文化交流的目的，为民族传统体育的传承创造更好的社会环境和学习条件。

（2）通过制作各种以民族传统体育为主题的电影、电视、话剧、歌剧等艺术表演形式，举办或录制各种民族传统体育赛事，举行形式多样的民族传统体育旅游节、民族传统体育艺术展，并通过各种智能移动终端和社会化新媒体，对它们进行实时传播、即时传播和循环传播，从而达到记录、传播和展现民族传统体育活动和文化的目的，为民族传统体育的传承和发展，奠定坚实的物质基础。

（3）基于网络化和移动化的各类新媒体，可以鼓励各种官方的或非官方的，组织的或个人的，对各类民族传统体育文化进行专门记录、生活记录或档案记录，通过各种新闻、文化、社交、游戏等信息平台进行传播，再通过图片、文字、图形、影像、音频等各种单独或综合形式记录和保存下来的同时，也从各个侧面展现不同民族传统体育活动和文化的精神、价值、理念，从而实现民族传统体育多样化的传承、多样化的交流，以及由此可能带来的多样化的创新。

2.新媒体传承内容的主要介质

除了需要有良好的、多样化的表现形式，新媒体环境下民族传统体育活动和文化的传播，最终还是要落实到具体的、最后一环节的传播介质上。实际上，最后一个环节的传播，将最终确定所有前述各种传播形式的实际受众和实际影响。

（1）各类新媒体本身就构成一种传播介质。最突出的表现，莫过于各种智能化移动终端，比如各类现代交通工具上的移动电视、各种智能手机、平板电脑、电子书等。当然，各种智能化的非移动终端，也可以构成具有强大传播效应的介质。比如，"三网合一"后的家庭电视、公共场所的大荧屏、电影屏幕，都可以成为新媒体环境下民族传统体育活动和文化传播的重要介质，这些介质的受众兼具了居住性、流动性，在时间和空间上存在较大的叠加，其效果并不亚于各种智能化移动终端。

（2）蕴含在同一新媒体介质当中，各种具体的传播应用。其中，最为鲜明的莫过于各种社会化新媒体的应用，比如微博、微信等即时通信应用，网络游戏等游戏应用等。即时通信应用的全球即时共享功能，可以最快捷、最广泛、最深远地将所承载的各类信息传播出去，从而刺激或唤起受众的注意，并引发无限循环的传播。将民族传统体育转化为各种娱乐化、智力化的游戏项目，也是一种不失可行的创新。

当然，无论是即时通信应用，还是娱乐应用、游戏应用，这些应用媒介使民族传统体育传播的受众，既根本性地超越了传统的时空限制，也从根本上突破了原有的制度限制和规范约束。

（三）新媒体环境下民族传统体育传承创新的实施

在明确新媒体环境下民族传统体育传承的内容构建和路径选择的基础上，这一传承创新的持久动力，有赖于更具操作性的实施模式。这种实施模式，不仅要慎重和有效地考虑新媒体环境下，民族传统体育传承潜在和现实的影响因素，而且还需要为此建构起一个完整的实施环节。唯有这样，新媒体环境下民族传统体育的传承才有可能，在新的传播生态下的持续创新才有可能。

1. 新媒体传承创新的主要影响因素

在新媒体环境下，民族传统体育的传承创新，需要切实考虑各种影响因素。除了新媒体的技术应用和传播因素，新媒体的技术应用与传播本身，还需考虑来自经济、文化和社会三个方面的影响因素。

（1）经济影响因素。所谓经济影响因素，主要是如何看待和处理新媒体环境下体育产业的问题。对于体育产业，人们有不同的理解，或者理解为一种体育部门管理下的体育事业，或者理解为能够进入市场进行商业化运作的产业，或者理解为不仅包括一般的体育经营活动，而且还包括与商业体育运动直接相关的一切生产经营活动。还有人把体育产业理解为一种向社会提供体育服务，把它视为一种特殊消费品的产业部门。在新媒体环境下，民族传统体育活动和文化将会像其他生产和消费一样，遵循商品运行的一般规律，因而不可避免地要考虑经济投入和产出，考虑潜在和现实的经济收益。

（2）文化影响因素。体育文化作为一种大众文化，通过新媒体进行大众传播，必然会受到一般的大众传播文化的影响。具体而言，就是大众文化传播的主体和受众的互动、大众传媒与商业组织的整合，以及由此导致的组织、人际、语言、非语言等多种形式的整合和联系。民族传统体育文化作为一种特殊的文化形式，必然会与其他文化存在互动、交流甚至竞争关系。如何妥善处理文化之间的正常有序的互动、交流与竞争关系，如何在大众文化传播形式下得以有效地传播、继承和发展，都是新媒体环境下民族传统体育传承创新需要认真正视的重大问题。

（3）社会影响因素。传播对体育起着决定性的意义。没有传播，就不成其为体育。体育本身，就是一种传播。从本质上看，传播就是一种社会关系。因此，体育活动和文化本身，也是一种特殊的人类社会关系。在不同历史时期，不同地区、不同民族的社会形态、社会结构各不相同，但是无论是宏观上的体育文化、体育精神，还是微观层面的体育活动形式、方法规则、技术技巧，抑或与之相关的教育、训练、比赛、新闻、策划、广告、宣传等，无一不是在特定社会环境下的产物，具有强烈而鲜明的社会性。新媒体环境下，移动性的社会网络化，使体育活动和体育文化的社会化特征变得更加突出。

总之，在不断优化新媒体环境下新媒体技术应用的同时，在经济、文化和社会三大影响因素之间，民族传统体育传承创新总的原则是：坚持以人民为中心的工作导向，坚持把社会效益放在首位、社会效益和经济效益相统一，积极探索如何将社会效益和经济效益相统一的路径、模式和方式、方法。其中，健全坚持正确舆论导向的体制机制，又具有先导性的政治意义。只有这样，一个规范、有序的民族传统体育的传播生态，才有可能得到切实的保障。

2. 新媒体传承创新的完整实施环节

在切实考虑和处理新媒体环境，和受民族传统体育传承创新的主要影响的情况下，构建一个更为微观的实施环境，具有更直接、更能动的意义。如前所述，体育文化作为大众文化的一种，民族传统体育文化在新媒体环境下的传播，必定需要遵循大众文化传播的一般规律。这一传播的实施环节，可以划分为传播者、传播内容、传播渠道、传播对象和传播效果等五个方面。依据新媒体环境的特点，分别论述如下：

（1）传播者。在新媒体环境下，信息传播的传播者不再具有传统媒体所有的固定化、单向度、中心化的特点，而是呈现去中心化、网络化、互动化的特点，这一新的传播结构意味着，人人都可以成为信息的传播者。越是权威的传播者，越是具有其他传播者所不及的能量。就信息的来源组织而言，既有可能是官方组织，也有可能是非官方组织；既有可能是系统组织，也有可能是个体组织。就传播者的背景而言，社交化、娱乐化无疑是它们最大的共性，这种共性在新媒体的移动化和智能化优势的推动下，又会形成范围更广、影响更大的叠加效应，信息传播与控制的难度也随之呈几何级别地放大和增加。为此，与其控制和治理传播者本身，传播内容和传播渠道的程序、介质治理，将会变得更为可取、有效。

（2）传播内容。在新媒体环境下，民族传统体育的传播内容，仍然主要是物质层面、制度层面和精神层面的各类活动和文化。因此，按照传播的内容分析和抽样调查，民族传统体育的物质内容、制度内容和精神内容，将是最为主要的三大内容，有关的抽样调查，也需要集中在这三个方面。在通过新媒体进行传播的过程中，传播内容的控制和治理，也就可以聚焦在物质、制度和精神的分类与整合方面，有针对性地进行传播和传播治理。

（3）传播渠道。新媒体作为一种有别于传统媒体的新兴媒体，它们的传播特性，对于民族传统体育的传播与传承，具有传统媒体所难以企及的广度、深度和厚度。在传播对象和传播效果上，新媒体的对象面和效果性，也远非传统媒体所能企及。具体而言，新媒体的传播渠道，一是各种智能移动化网络终端；二是这些终端载体内各种智能应用软件，不仅具有完全整合图片、图形、文字、影像、音频等信息形式的强大功能，而且还使传播者和受众具有高度的自主选择性，因而呈现出高度的个性化和社交化。

此外，新媒体下的传播渠道，还使信息传播者和信息接受者之间形成密集、即时的互动，使传播的扩散、模仿与创新的"三位一体"成为可能。当然，这种模式，主要取决于传播对象和传播效果的实际程度。

（4）传播对象。新媒体环境下，传播对象的特点、需求、能力和意图等因素，都与传统媒体有实质性差异。比如，新媒体环境下的传播对象，具有高度的社交性、个体性，了解或熟悉网络化、信息化的环境和技术，有高度个性化的服务需求，具备强大的搜索、发起、征求和供给能力。参与和应用新媒体传播的目的，除了满足一般信息了解的目标，还有经济性、社交性、娱乐性等各种目标，形成不同的网络社区和网络空间，并在不同社区和空间之间进行跳跃与互动。这些传播对象的跳跃与互动，客观上使信息的传播也随之发生相应的跳跃与互动，从而形成各种复杂的叠加与冲撞。

（5）传播效果。像所有其他文化信息一样，民族传统体育文化在新媒体环境下的传播，其效果不仅取决于什么样的传播者、传播内容、传播渠道和传播对象，而且还取决于传播内容背后的文化态度、文化价值和文化行为的效果。在新媒体环境下，标新立异、个性化等传播生态，又在很大程度上影响着民族传统体育文化的传播效果。因此，民族传统体育的新媒体传播及其效果，必须有意识地避免被恶意炒作"捆绑"的情况，并在此基础上，将民族性、传统性的一面最大化，通过新媒体环境最喜闻乐见的方式、方法呈现出来，以达到传播效果的最大化，从而使民族传统体育文化的正面态度、积极的价值观和规范的文化行为，得以产生积极的影响和良好的传播。

因此，总的来看，新媒体环境下民族传统体育的传承创新，完整的实施环境需要分别经过传播者、传播内容、传播渠道、传播对象和传播效果的把握和控制，了解和掌握每一个环境的特点和需求，有针对性地加以整合，使民族传统体育的独特魅力得以最大化地展现。在实现新形式、新介质的继承和传播的同时，也为潜在的创新和发展，创造新的环境和条件。

二、民族传统体育新媒体传承创新的保障机制

就新媒体的大众传播而言，文化传承创新的保障无疑就是新媒体传播治理水平、治理能力和治理效果。正是从这个角度说，保障机制是民族传统体育新媒体传承创新的保证。

从总体上看，为满足且体现新媒体环境下民族传统体育传承创新所需的智能化、社会化和现代化理念，一系列保障机制必不可少。具体而言，这个保障机制应该涵盖三大部分：一是民族传统体育新媒体传承创新的领导机制；二是民族传统体育新媒体传承创新的组织机制；三是民族传统体育新媒体传承创新的评价机制。

（一）民族传统体育新媒体传承创新的领导机制

一个完整、有效的领导机制应该是具体的，而非抽象的、孤立的，它们之间的关系需要通过一定的架构，必定需要结合具体的组织、个人并形成一定的体系。只有这样，领导机制之间的分工、合作才能正常、有序、合理。在民族传统体育新媒体传承创新的领导机制方面，具体的领导流程，需要有相应的领导或领导小组加以统筹。由于是一种信息、体育和文化的综合体，因此，领导体制至少应该包括体育教育部门、信息网络部门、文化服务部门，这些中层各职能领导除了负责本组织机构的领导情况外，还需要与其他中层领导体制内人员就民族传统体育传承创新的组织、管理、监督、评价和反馈等具体内容，进行沟通、协调与协作，同时向全国信息与网络化领导小组及时汇报和请示。基层领导体制，则由中层领导体制下在各省市区垂直部门体系内部设置。为了节约成本、提高效率，基层领导体制的设置与运行，可以有更大的自由度和灵活性。

1. 新媒体传承创新的领导原则

领导原则属于领导力的一项重要内容，与领导权威、领导风格、领导技术、领导能力等共同塑造着领导力。具体到新媒体环境下民族传统体育的传承创新，有关的领导原则应包括以下四个方面：

（1）公正原则。最高层、中层和基层领导需要就整个中华民族传统文化的传承创新、国家软实力的建设与发展，在选择民族传统体育文化进行新媒体传承创新的过程中，在每一个环节都把握好"公正"。无论是内容选择、路径选择、实施环节，还是传播内容、传播渠道、传播效果，抑或物质层面、制度层面、精神层面，各级领导都需要坚持公正原则。

（2）公平原则。不管是对民族传统体育内容本身，还是对新媒体的传播应用，在确定民族传统体育的内容选择、行为导向，以及新媒体传播的传播内容、传播渠道、传播效果的测定、监督、评价等方面，都需要坚持公平原则，而不能出现各种有失公平的偏私。

此外，公平原则还意味着领导层需要把整个中国文化利益和国家软实力的建设和发展，置于某个民族、某个地区、某类新媒体之上，始终做到整体利益第一位、部门和地区利益其次。只有确立这样的优先顺序，才能克服狭隘的民族主义、部门主义的干扰。

（3）平等原则。所谓平等原则，也就是各级领导需要重视和鼓励各民族、各地区的广泛参与，与各种新媒体展开密切、持续的合作，共同参与制订民族传统体育传播、传承的新方式、新方法。各级领导在制定传承创新目标的过程中，让各民族、各地区、各新媒体都能够平等、充分地发表意见、提出建议，尽可能把它们综合反映到最终的决定和政策当中，以平衡、协调好各方的意愿和利益。只有这样，才能顺利确定有关的目标，确定下来的目标才会获得良好的群众基础，才能使之得到彻底的执行。

（4）协作原则。民族传统体育传播是一项综合的系统工程，并非某一民族、某一地区、某一体育、某一部门、某一媒体的事情，而是各民族、各地方、各体育、各部门、各媒体之间通力协作的、持续循环的动态过程。因此，各级领导除了在行使各类领导权威以确保决策和政策落实的同时，还需要在日常工作中，在内容选择、路径选择、实施环节等各个方面，使相关的各民族、各地方、各部门、各媒体保持密切沟通、协调和合作。

2. 新媒体传承创新的领导机制

在管理和领导新媒体环境下民族传统体育传承创新的过程中，各级领导机制的范围要依据自身具有的功能，以及这些功能的发挥需要进行的协调划定，不能随意超越既有的管理权限和智能范畴。

因此，各层领导需要结合具体的时段划定、协调好自己的领导范围，而不能把领导视为主导甚至独导。在新媒体传播方面，上级领导层应该在传播渠道、传播效果和传播对象方面，大胆地向市场机制"授权"，由市场发挥决定性的基础作用，并鼓励社会进行广泛的监督。而在民族传统体育内容选择方面，各级领导也要认真倾听、接受各民族、各地区的意愿，有效平衡和处理各民族、各地区的歧见乃至矛盾和冲突。

在一定的领导原则和一定的领导范围下，民族传承体育新媒体传承创新的领导程序需要结合整个流程的顺序加以确定和落实。具体而言，各级领导层主要就民族传统体育和新媒体传播两大业务分别展开、协调整合，做具体的分工与合作。比如，在事关全国性的传统文化传承创新的问题上，最高领导层负有召集、拟定、协调、责成等各项权责。在事关各省级民族传统体育传承创新的问题上，中层领导层负有组织、计划、审议、汇总和协调等各项权责，遵行汇总、审议、申报、反馈、协商等程序。在具体类别的民族传统体育传承创新方面，各基层领导负有组织、动员、初评、申报等各项权责，可以采取各种各样灵活的管理方式。在传媒问题上，各级领导层的分工协作要相对简单和明确，可采取一般信息和网络管理的模式，有层级、有分类和有序列地进行领导管理。

　　总之，无论是领导原则，还是领导范围和领导程序，越是上级领导层，越是负责和承担全局性、战略性和宏观性的功能和职责，加强对下级领导层的领导、指导和管理。相反，越是下级的领导层，越是要负责和承担部门性、行业性和微观性功能和职责，加强对具体执行部门的领导、指导和管理。

（二）民族传统体育新媒体传承创新的组织机构

　　在一定的领导机制下，各种具体的职能型组织结构，对新媒体环境下民族传统体育的传承创新，具有直接相关的能动和规范作用。按照结构功能主义理论，任何一个组织，无论是什么行业、什么体系，都会有自己的结构，都会有相似的组织功能。因此，民族传统体育新媒体传承的组织机构，不仅需要有恰当的组织原则，而且还需要有相应的组织体系，以使各组织形成完备的结构，使之发挥应有的组织功能。

1. 新媒体传承创新的组织原则

　　在管理学中，所谓组织原则，意指某组织为实现有效管理职能、提高管理效率和实现一定的目标，建立管理机构共同遵循的原则。由于民族传统体育活动和文化不仅具有鲜明的民族性和传统性，而且还具有内在的文化性、公益性，而非一般意义上的权力性组织、利益性组织，因此，关于新媒体环境下民族传统体育传承创新的组织管理，既具有一般组织的原则，又有自身特殊的组织原则。

　　（1）目标原则。所有的组织都应当有一个目标。新媒体环境下民族传统体育传承创新，本质上属于文化体制创新的一部分，因此必须符合当前我国深化文化体制机制创新的总体要求和总目标，即建设社会主义文化强国，增强国家文化软实力。在此情况下，细化为完善文化管理体制、建立健全现代文化市场体系、构建现代公共文化服务体系和提高文化开放水平等具体目标，以此来衡量和规范民族传统体育新媒体传承创新的组织和管理。

　　（2）权责原则。所谓权责原则，也就是权责相辅、职权分明。该原则要求，每一项管理职能都能落实到一个执行机构。在民族传统体育新媒体传承创新过程中，有关的领导、管理、监督、评价等各级组织，必须有较为明确的职能。比如，在完善文化管理体制方面，要按照政企分开、政事分开的原则，推动政府部门由办文化向管文化转变，推动党政部门与其所属的文化企事业单位进一步理顺关系，建立党委和政府监管国有文化资产的管理机构，实行管人管事管资产管导向相统一。

（3）服务原则。这是实现"构建现代公共文化服务体系"目标的重要要求。按照服务原则的要求，民族传统体育新媒体传承创新，必须依靠建立公共文化服务体系建设协调机制、统筹服务设施网络建设，促进基本公共文化服务标准化、均等化等途径和方式，不断地改善公共文化事业和产业的服务功能。此外，还需要引入竞争机制，推动公共文化服务社会化发展。因此，鼓励社会力量、社会资本参与公共文化服务体系建设，培育文化非营利组织，就变得十分紧迫和重要。

（4）协调原则。任何管理组织机构都要实现互相协调、互相衔接，以利于发挥组织的整体功能，使组织内部既有分工又有合作，协调一致，确保共同目标的实现、权责任务的有效和公共服务改善。对于横跨文化事业和传播事业两个领域，涉及不同地区、不同民族、不同文化的民族传统体育新媒体传承创新，尤为需要遵循协调原则，使各有关组织和部门得到充分沟通、积极协调和有效合作。比如，政府主导、企业主体、市场运作、社会参与，就是民族传统体育新媒体传承创新在政府、企业、市场、社会之间进行有效协调的重要体现。在政府内部，领导、组织、监督、评价之间的协调，对民族传统体育新媒体传承创新的发展，也具有重要而深远的影响。

2. 新媒体传承创新的组织体系

在新媒体环境下，民族传统体育传承创新的组织体系存在两个层面的内涵：一是指一般组织结构中领导、管理、监督、评价之间的关系；二是指民族传统体育指涉的体育教育、文化传播、民族信仰、信息网络等职能部门之间的关系。

（1）领导、管理、监督、评价之间的组织关系。领导机制主要负责战略性、全局性决策的制订，对整个组织活动和总目标的实现，负有全面的责任。管理组织主要负责有关决策和政策的具体执行，对相关活动和行为负有直接管理的权责，对具体目标和阶段目标的实现，负有全面的责任。监督机制，不仅负责领导、管理和评价等整个体系运作的监督，而且还负责对组织活动的过程监督、结果监督和反馈监督等，以及负责与各种非组织性监督的联系、协调等工作。评价机制，是对领导、管理和监督等职能和组织进行评价，并重点对组织实施过程、实施效果和实施影响进行评价，实现更好的领导、管理和监督。

在民族传统体育新媒体传承创新领域，领导机制主要负责文化体制机制创新的总目标、新媒体等信息网络建设和发展的总目标；管理机制则主要负责民族传统体育文化和新媒体建设和发展，以及民族传统体育的新媒体传承创新各项目标的实现，各项活动的规划、组织、协调和管理；监督机制则主要涉及民族传统体育新媒体传承创新的各项目标、计划、活动、过程等监督，以及各项人、财、物、事及其联系监督，确保各项领导原则、组织原则和评价原则的实现。评价机制，则主要为了使领导机制、组织机制、监督机制正常运作、不断改善，为各项原则的实现创造更好的环境和条件，提供有价值的智力支持。

（2）体育教育、文化传播、信息网络等职能部门之间的组织关系。民族传统体育新媒体传承主要涉及体育文化领域和信息传播领域。就体育文化领域而言，体育行政部门、体育教育部门、文化管理部门、文化教育部门、民族事务部门，无疑是与民族传统体育事业和产业直接相关的职能部门，需要紧紧围绕民族性、传统性、体育性三大关键词展开有效沟通与协作。

就信息传播领域而言，网络管理、信息管理、传播管理、出版管理、科技管理等职能部门，无疑是新媒体信息传播最直接相关的职能部门，需要紧紧围绕网络化、信息化的新闻出版广播电影电视等展开有效沟通和协作。与此同时，作为体育文化与信息传播交叉的新兴事物，特别是既有民族传统体育的传统性，又有新媒体的现代性，民族传统体育的新媒体传承创新，必须要在如何更好地服务和发展体育传播事业和产业，在组织联系、组织协调与组织合作等方面，明确权责、有效分工、有力协作，为致力于"社会主义文化强国"和"国家文化软实力"建设与发展的战略目标做出切实贡献。

（3）为更好地实现一般性对外文化交流，"政府主导、企业主体、市场运作、社会参与"的传播与开发战略格局，并有机结合民族传统体育特有的民族性、传统性，使潜藏于民族传统体育当中的科学性、人文性得到最大限度的继承、彰显、发展与创新，使有关的文化价值和文化功能——教育与培养功能、聚合与凝结功能、调节与引导功能、稳定与发展功能、传承与塑造功能最大限度地发挥出来，纵向的领导、管理、监督、评价组织体系之间，横向的体育文化与文化传播领域各职能部门之间，以及纵向与横向组织体系之间，也需要形成有机的相互嵌入与有效协调。这样，民族传统体育文化的价值与功能，才能最大化地通过最有效的新媒体传播，向最广泛的社会群体展现出来，凝聚中华民族的团结、和谐与自信，夯实对外文化交流的竞争力与自信心。

（三）民族传统体育新媒体传承创新的评价机制

在构建现代公共文化服务体系的过程中，必须建立群众评价和反馈机制，推动文化惠民项目与群众文化需求有效对接。民族传统体育文化作为一种历史悠久的群众文化，也需要建立一个能够恰当反映民族传统体育新媒体传承的评价机制。

1. 新媒体传承创新的评价原则

（1）创新性原则。既然致力于在新媒体环境下民族传统体育传承的创新，那么对于它的评价，最为突出的原则莫过于创新性原则。如果不以创新为目标，缺乏创新性能力，没有取得创新性效果，那么，新媒体环境下民族传统体育的传承创新，就不能称为创新。新媒体环境下各类民族传统体育的传播，要纳入传承创新的范畴，得到公正、公平的评价，首先必须符合创新性的原则要求。从文化传播的角度看，在创新性原则下，创新体系、创新能力和创新效果，构成新媒体环境下民族传统体育传承创新的三大指标。

（2）现代化原则。从本质上说，民族传统体育新媒体传承创新的评价，实际就是一种治理。在全面深化改革战略要求下，治理体系与治理能力现代化已经成为我国各项事业发展与创新的重要准绳。因此，民族传统体育新媒体传承创新的评价机制，最为关键的实际就是治理体系与治理能力现代化。文化体制机制的改革创新、社会事业改革创新，都必须符合治理现代化。民族传统体育在新媒体环境下实现传承体制机制创新，是否符合现代化的要求，将是一项十分重要的评价原则。

（3）法治化原则。全面推进依法治国，总目标是建设中国特色社会主义法治体系，建设社会主义法治国家。在全面推进依法治国的战略要下，所有各项社会主义事业的改革与发展，都必须坚持法治化的原则。民族传统体育在新媒体环境下的传承创新，也必须坚持法治化的原则，把法治精神、法治理念贯穿到整个创新活动的全过程。具体而言，就是必须保证人民在党的领导下，依照法律规定，通过各种途径和形式的体育文化事务和信息传播事务，管理体育文化和经济文化事业。因此，在对新媒体环境下民族传统体育传承创新进行评价时，法治化应该成为不可或缺的重要原则。

（4）竞争性原则。国有资本要加大对公益性企业的投入，在提供公共服务方面作出更大贡献。国有资本继续控股经营的自然垄断行业，实行以政企分开、政资分开、特许经营、政府监管为主要内容的改革，根据不同行业特点实行网运分开、放开竞争性业务，推进公共资源配置市场化。民族传统体育文化产业作为体育文化产业的一种，具有鲜明的公共服务性质。民族传统体育的新媒体传播企业，既有一般经营性企业的特点，又具有公益性企业的要素。因此，在对新媒体环境下民族传统体育传承创新进行评价时，在考虑创新性、现代化和法治化的同时，还需把竞争性纳入进来，作为一项重要的评价原则。

2. 新媒体传承创新的评价指标

在新媒体环境下，民族传统体育的传承与创新迎来了无数新的可能性和广阔的发展空间，但同时也遭遇了众多的挑战与困扰。为了有针对性地、高效地评估这一复杂而多元的进程，我们急需建立一套科学、系统、全面的评价体系。为此，我们精心选取了创新性、现代化、法治化和竞争性四大原则，作为整个评价体系的坚实支柱和核心指标。这些原则不仅从宏观层面为民族传统体育的传承与创新提供了方向性的引导，更在具体实践中发挥了至关重要的指导和规范作用，确保了整个过程的正确性和有效性。

在每一项原则下，可以细分各类二级指标。按照创新性原则，创新体系、创新能力和创新效果是构成新媒体环境下民族传统体育传承创新的三项二级指标。按照现代化原则，治理体系、治理能力和治理效果是新媒体环境下民族传统体育传承创新的三项二级指标。按照法治化原则，行业法律、职业法规、依法行政、依法执法、公正司法是新媒体环境下民族传统体育传承创新的五项二级指标。按照竞争性原则，开放性、平等性、规范和有序性是新媒体环境下民族传统体育传承创新的四项二级指标。

新媒体环境下民族传统体育传承创新法治化评价指标具有重要的意义。完善文化管理体制、健全坚持正确舆论导向的体制机制，是一项关系切实推进文化体制机制创新，为实现"建设社会主义文化强国，增强国家文化软实力"的战略目标的政治任务。因此，要贯彻落实法治化的要求，健全基础管理、内容管理、行业管理以及网络违法犯罪防范和打击等工作联动机制，健全网络突发事件处置机制，形成正面引导和依法管理相结合的网络舆论工作格局。

通过法治化的建设，新闻媒体资源的整合才能有序竞争，新媒体才能有效地与传统媒体融合发展，借此为新媒体环境下民族传统体育的传承创新，创造良好的法治环境。此外，推动新闻发布制度化、严格新闻工作者职业资格制度，重视新媒体的运用和管理规范传播秩序，才能更好地激发文化创造活力，保障人民基本文化权益。而制定各种公共文化服务保障法，则可以促进基本公共文化服务的标准化、均等化，促进良性和有效竞争。制定文化产业促进法，则可以把行之有效的文化经济政策法定化，健全促进社会效益和经济效益有机统一的制度规范。加强互联网领域的立法，则可以完善网络信息服务、网络安全保护、网络社会管理，使各类网络行为得到依法规范。

第三节　全民健身与传统体育文化的和谐互动

中华文化博大精深，在漫长的历史文化长河中所流淌的民族传统体育文化，蕴含着中华文化精神内核，承载着祖辈的传承记忆，时至今日，依然光华夺目、熠熠生辉。民族传统体育不仅是"活态人文遗产"，还是维护中华文化特质以及推动民族自信、文化自信的重要内容。全民健身计划是保障全民健康的重要途径和手段，是新时代"健康中国"行动的重要举措。在此背景之下，总结以往全民健身与民族传统体育和谐发展的历程，挖掘二者的内在关系，发现其中存在的问题并提出相应的解决方案便尤为重要。

一、民族传统体育与全民健身事业的内在关系

（一）民族传统体育发展是全民健身计划演进的主线逻辑

《全民健身计划（2011—2015年）》要求从建立基层少数民族体育组织、少数民族传统体育项目培训基地和少数民族传统体育项目之乡，培养少数民族体育人才，开展少数民族体育竞赛活动，优秀民族体育项目进课堂，办好"民运会"等方面来积极发展少数民族体育；通过发掘、整理和弘扬民族民间传统体育项目,将优秀项目纳入非物质文化遗产名录,开展相关教育活动,举办相关展示和竞赛活动等举措来传承发展民族民间传统体育。

《全民健身计划（2016—2020年）》要求遵循为实现中华民族伟大复兴的中国梦奠定坚实基础的指导思想，弘扬、传承、扶持与开发并举——弘

扬中华体育精神，挖掘并传承传统体育文化，发挥区域特色文化遗产的作用，扶持推广武术、太极拳、健身气功等民族民俗民间传统和乡村农味农趣运动项目，鼓励开发适合不同人群、不同地域和不同行业特点的特色运动项目。

《全民健身计划（2021—2025年）》要求加强全民健身国际交流，推动武术、龙舟、围棋、健身气功等中华传统体育项目"走出去"，鼓励支持各地与国外友好城市进行全民健身交流。

由此可见，在各个时期的全民健身事业计划中，都包含了民族传统体育的内容。从建立基层体育组织，设立项目培训基地，培养体育专门人才，传承与发扬民族传统项目，举办民族运动会，到开发与扶持民族特色项目，重点项目的推广，以及"走出去"交流互动，民族传统体育伴随着全民健身事业不断发展，并在不同时期承担着相应的历史任务。

（二）民族传统体育是全民健身工作的重要抓手

乡村及民族地区的体育非物质文化遗产以及民族传统体育项目，如湘、鄂、渝等地流行的抢花炮活动，以及在广东汕头、潮州等地拥有广泛群众基础的潮汕英歌舞等，都是过去乡民祖祖辈辈生活方式、氏族文化思想的沉淀与遗存，并内化为集体性的、普遍性的地域、族群、文化认同。各地民族传统体育的起源与生产生活、节日庆典、休闲娱乐密不可分。与现代体育相比，乡村及民族地区的民族传统体育在项目的原生性、文化的多样性、活动的多元性、内容的民俗性上有着得天独厚的优势。

少数民族运动会丰富了民族传统体育文化的内涵，提供了各民族传统体育文化展示与交流的平台，规范了项目的竞赛规程，提高了民族传统体育竞技水平。影响不断扩大的少数民族运动会，使得政策的扶持力度也在不断增强，形成良性循环。因此，民族传统体育是乡村及民族地区全民健身工作的重要抓手。

（三）全民健身事业是民族传统体育发展的重要契机

我国民族传统体育一直遵循多元化的发展路径。多元化的发展路径体现在民族传统体育不断融入运动竞赛、传统节日、校园体育、旅游表演、非遗展演等路径中。但是，民族传统体育的发展由于受到文化、经济等主客观因素的影响，也呈现出两极分化的特征：一方面，在重视民族传统体育发展的地区，民族传统体育发展迅速。如北京市拥有全国数量最多的民族传统体育基地，云南和贵州两省大力发展民族传统体育精品旅游项目等。另一方面，如广西壮族自治区、新疆维吾尔自治区、黑龙江省等因民族传统体育的"自身活力"不足，导致即便在政府财政的大力支持下，也无法产生高质量的民族传统体育的发展路径。

全民健身计划的核心任务是解决全民健身区域发展不平衡、公共服务供给不充分等问题。在新的历史起点上，要推动民族传统体育的高质量发展，必然要使民族传统体育契合全民健身公共服务体系，这样才能使之更好地发挥其在体育强国中的作用。因此，全民健身事业是全面平衡发展民族传统体育的重要契机。

二、全民健身与民族传统体育和谐发展的对策与展望

（一）营造现代化民族传统体育存在场景

全民健身的主体在于全民，不论年龄与性别。全民健身事业的实施要立足我国全面建成小康社会和人民对美好生活的向往。营造民族传统体育的存在场景，需对其过去"流行"时的存在场景进行现代化转变。

1. 休闲场景

推动大众休闲生活与传统体育文化融合发展，可以通过创建传统文化生态园、历史文化街区，融入大众喜闻乐见的民族传统体育互动平台，如滚铁环、踩高跷、押加竞赛等项目，唤醒或加深大众对传统体育的记忆；充分发挥各地历史文化的魅力，设计传统文化旅游路线，并在其中展示和引导游客体验民族传统体育运动。

2. 文化场景

激活大众对各民族传统节庆、民俗活动的热情，深入挖掘与各民族传统节日和民俗活动相关的传统体育文化内涵，并逐步形成新的习俗；打造中华传统体育标准服饰计划，依照不同项目，设计和制作可以展现各地独特民族风情的运动服饰。

3. 职业场景

设立各类民族传统体育项目联盟，制定标准化项目规则和运动员评级标准，以协会牵头组织举办各类民族传统体育赛事，成立民族传统体育项

目文化论坛；积极倡导民族传统体育进校园，成立校园民族传统体育项目社团，依据各地区特色，将民族传统体育项目列入学生体质健康标准监测以及中考、高考体育测试项目。

4. 养生场景

培养民族传统体育指导员，设立相应岗位，以社区和乡镇为单位，定期开展民族传统体育的普及与教学；加强对传统养生、保健的活态利用与研究，使有益的民族传统养生文化嵌入百姓生活。

（二）打造符合时代审美的健身项目

审美意象的客观性和普遍性，首先根植于民族的生存情感。一个民族的生存情感，是在这个民族的艺术所构造的审美意象中才获得的自我认识、自我观照。因此，在不同经济基础下所产生的体育审美形态也必然不相同。

审美的现代性正悄然向民族文化的个性与多样性相统一转变，体育审美也包含其中。我国民族传统体育美学的发展方向要以中华优秀传统美学文化为核心，建设和引领符合当代国民需求的中国特色社会主义传统美学。

在全民健身事业的大背景下，民族传统体育项目要想得到更多人群的传播，其"美"的形式不能仅是因为传统，更重要的是能否将传统之美向"民族性"与"现代性"转变。我国优秀传统文化是民族传统体育发展的动力源。以中华射艺为例，中华射艺的"民族性"要以"礼射"成育人之美。

《礼记·射义》中的"内志正，外体直""射者，仁之道也""射求正诸己"；《王阳明全集》中的"君子之学于射，以存其心也"等叙述皆在讲明"射"之于"心"的育人效用。在此基础上，通过仪式、仪规的约束，将射箭的身体行为演化成对"德"的实践，并在射艺的练习中发展"天人合一""以德引争"的"道"的实践，以此实现中华射艺的育人之美。中华射艺在"现代性"方面，要以"武射"成竞技之美，即打造规范的竞技化中华射艺。

另外，在已开展的民族传统体育项目中，如高脚竞速、陀螺、传统射艺等，在文化内涵、器材服饰、竞赛和表演规则、仪式等完成现代美学革新后，项目可参与性、竞技性、观赏性得到提高，受众年龄段更为广泛，项目生存能力得到了有效保障，"传统"文化就有了成为"潮流"文化的可能。

第四节 大数据背景下传统体育文化
数字图书馆建设

我国是一个多民族国家。丰富多彩的民族传统体育是我国民族传统文化的重要组成部分，也是我国非常重要的非物质文化遗产。近年来，我国的"全民健身""健康中国""文化强国"等战略持续推进，在此背景下，民族传统体育文化的历史价值、教育价值、健身价值、经济价值的外延不断拓展，它在当代的有效传承与发展愈发重要。

随着新媒体时代的到来，在人工智能、大数据、VR/AR 等智能技术的推动下，传统文化被赋予了新的智能传播语境，非物质文化遗产也迎来了前所未有的传播机遇。因此，体育文化的数字化传承将是非物质文化遗产数字化传承、保护和创新过程中的重要问题之一。数字时代体育文化的传播不是对传统传播的简单复制和重组，而是根据其内容的特点和现状，针对不同的目标受众群体重构传承过程和传承策略，结合数字时代的突破性技术创新和新的传承内容。

一、体育文化数字图书馆建设意义

数字图书馆是一种应用数字化的物理信息对象的方法。数字图书馆有七个鲜明的特点：①信息载体的数字化；②存储海量的信息；③可以在线访问和查询信息；④信息通过线上发布和传输；⑤信息的开放与共享；⑥信息具有相关的版权保护；⑦系统集成。传统图书馆具有信息采集、存储、传播和版权控制等功能，而数字图书馆同样具有以上功能，只不过数字图书馆这些功能的实现方法和手段发生了变化：从"纸介质"变为"网络介质"；从"单一的纸质文字"变为"数字化的文字、图片、音频、视频"等。建立体育文化数字图书馆的意义如下：

（一）降低图书馆建设成本

体育文化多集中在少数民族集聚区，而大多数少数民族集聚区的经济发展水平较低，在传统图书馆建设方面需要耗费大量的人力、物力和财力，这就在无形中增加了当地政府的经济负担。数字图书馆是将大量的民族传统体育文化信息存储在多个磁盘存储器当中，通过计算机网络连接成的一个联机系统，其建设成本相对于传统民族传统体育图书馆所需的人力、物力和财力更少。建设成本的大大降低，使得地方政府在体育文化挖掘和整理工作上增加了更多的有效供给，进而推动了当地体育文化数字图书馆的可持续发展。

（二）信息类型丰富，满足用户多样化的查阅需求

传统图书馆中的体育文化主要以书籍、报纸、杂志等纸介质为主，虽然图文并茂，但形式单一的文字和图片易引起用户的审美疲劳，难以调动用户深入了解体育文化的积极性。数字图书馆中的体育文化收录了数字形式的体育文化信息，除了纸介质的数据、报纸和杂志外，还收录了一切可以数字化的体育文化信息，如音频、视频、动画等。类型丰富的信息能很好地满足用户的多样化查阅需求。

（三）推进体育文化的传承与发展

各地受自身经济条件、专业人员能力、组织能力等的不同，在民族传统体育整理和挖掘工作中存在成效参差不齐的问题。这些客观存在的问题，大大降低了体育文化传承与发展的成效。就目前来看，民族传统体育传统的传承与发展方法和手段（口头传授、表演、民俗活动等）已经暴露出很多问题。在当代数字技术蓬勃发展的趋势下，利用数字技术手段对民族传统体育文化资源进行传承与发展，是非常重要而且必要的。

二、体育文化数字图书馆建设路径

当下我国"文化强国"战略持续推进，政府对民族传统文化的挖掘和整理工作愈发重视。体育文化作为我国民族传统文化的重要组成部分，借助大数据技术优势，加强数字图书馆建设，是推动我国民族传统文化可持续发展的重要内容。在目前大数据技术迅猛发展的背景下，体育文化传承与发展应当适应科技发展的趋势，紧紧抓住大数据技术给体育文化数字图书馆建设带来的机遇，提升数字图书馆综合服务质量，提高用户对图书馆的认同感和依附性。

结合大数据技术自身特性以及用户对体育文化数字图书馆的需求，体育文化数字图书馆负责人（以下简称负责人）应当做好以下四项工作：

（一）充分利用用户兴趣信息数据

用户在体育文化数字图书馆会有浏览、查询、阅读、下载等活动，这些活动产生的用户资信、访问日志、流通数据等形成了用户兴趣数据。负责人借助大数据技术，可以通过对用户个人身份信息、网页浏览记录、查询关键词、下载行为等进行分析，探查到用户与体育文化数字图书馆中数据之间的关系，了解到用户对哪些体育文化感兴趣、哪类人对体育文化感兴趣。负责人对用户兴趣数据进行分析，可以大致掌握用户对民族传统文化遗产数字图书馆的信息需求，制订图书馆数据调整方案，缩小用户需求和图书馆数据服务之间的差距。负责人应当在图书馆的明显位置设置"在线咨询"或"用户留言"，积极融合用户对图书馆数据提出的各项建议，还可以定期开展有奖问卷小调查、用户行为信息跟踪分析等，进一步了解用户对图书馆数据的实际需求。

（二）聚合体育文化数字资源

在"文化强国"战略推动下，用户对民族体育文化遗产的认知需求提高，他们希望在体育文化数字图书馆中获取尽可能多的数字资源。为了满足用户这种需求，各地体育文化数字图书馆负责人要形成开放与共享的思维，与其他地区体育文化数字图书馆的数字资源进行整合，将其引入本地体育文化数字图书馆资源组织结构中，拓展本馆数字资源的广度和深度。

通过开放和共享，各地体育文化数字图书馆聚合了各类体育文化数字资源，建立了一个体育文化数字资源齐全、功能完善的平台，满足了用户查询体育文化数字资源的多样化需求。各地体育文化数字图书馆之间合作时，要积极引入关系型数据库、非关系型数据库、云计算等技术，以提高图书馆的资源整合能力，保障图书馆的可持续发展。

（三）实现体育文化数字资源传递的"个性化"

大数据背景下，体育文化数字图书馆要积极贯彻主动、及时、精准的服务理念，将"个性化"的数字资源传递给用户，提升用户对图书馆的认可感和依附性。相比其他类型的文化遗产，大众对体育文化的认知度较低，很多人是在网站上无意浏览到相关信息才"进入"体育文化数字图书馆内。对于这些用户，负责人要积极利用大数据技术，对他们的行为（注册、查询、借阅等）进行及时捕捉和分析，将这些行为信息转变为有价值的信息，优化图书馆的整体服务。

负责人要根据不同用户的应用需求，设定主动、及时、精准的个性化服务，为用户提供其关注、感兴趣的数字资源。在个性化服务中，负责人要充分发挥大数据挖掘技术的优势，将用户个人信息（性别、年龄、习惯）及其信息变化情况进行存储、加工、分析和挖掘，为图书馆个性化服务提供依据。在主动预测服务中，对于大多数用户急需的但馆内未有的资源，负责人应当尽早建立专门的数据库（如用户信息库、用户需求库），补充馆内数字资源的短板。然后，负责人通过数据库检索，为用户推荐所需的数字资源，从而进一步提高图书馆的服务质量。

（四）提高馆员的大数据应用能力

民族体育文化遗产数字图书馆建设不仅涉及很多数字图书馆建设的专业知识，还涉及很多体育文化的专业知识。为了保障体育文化数字图书馆的质量，图书馆的负责人应通过各种专业培训提高馆员的工作能力。

1. 提高馆员的数据整合能力

大数据背景下，体育文化数字图书馆内每日产生的信息量庞大，要求馆员科学判断、深入理解这些信息之间的内在联系，然后把预测出的结果准确地做出数据关联网络，用以精准分析用户的查询偏好与习惯。

2. 提高馆员的数据收集能力

体育文化数字化需要专业技术支持，如信息获取技术、海量存储技术。面对庞大的数据，馆员要灵活应用这些专业技术收集数据，缩短大数据形成时间，提高大数据应用效能。

3. 提高馆员的大数据分析能力

面对庞大的数据，馆员需要分析用户数据本身的规律，还要预测、分析和归纳用户数据与图书馆数字资源之间存在的关系。例如，馆员通过对用户访问地点、借阅次数、查询关键词的分析，发现不同地区用户对体育文化数字资源的需求情况，从而探明影响不同地区用户数量增减的原因。总之，图书馆负责人要积极引导馆员学习大数据相关知识，并鼓励他们将大数据技术应用于图书馆工作实践，不断提高他们的工作效率。

参 考 文 献

[1] 布特. 体育文化生态系统研究[M]. 北京：科学出版社，2018.

[2] 安杰. 体育教育对非智力因素的培养价值及实现路径[M]. 长春：东北师范大学出版社，2018.

[3] 程会娜. 大学生校园体育文化解析[M]. 北京：世界图书出版公司，2018.

[4] 董好杰. 当代体育文化多维探索与研究新思路[M]. 北京：冶金工业出版社，2018.

[5] 杜志锋. 体育与健康[M]. 北京：北京理工大学出版社，2019.

[6] 房玫，汤俪瑾，黄金满. 思想政治理论课教学过程的优化[M]. 芜湖：安徽师范大学出版社，2018.

[7] 郭海芳. 新时代校园足球文化建设与科学训练[M]. 北京：冶金工业出版社，2019.

[8] 黄延春，梁汉平. 体育概论[M]. 重庆：重庆大学出版社，2018.

[9] 纪惠芬. 休闲体育文化建设与发展研究[M]. 哈尔滨：东北林业大学出版社，2019.

[10] 姜华. 足球运动文化体系的建设与发展[M]. 北京：中国商务出版社，2018.

[11] 康丹丹，施悦，马炸军. 高校体育文化建设与大学生体育健康[M]. 长春：吉林人民出版社，2020.

[12] 兰涛. 跆拳道训练与体育文化[M]. 北京：中国政法大学出版社，2018.

[13] 梁田. 高校民族传统体育教学模式的创新性研究[M]. 长春：吉林人民出版社，2020.

[14] 刘从梅. 民俗体育与民俗体育文化[M]. 南昌：江西高校出版社，2019.

[15] 陆宇榕，王印，陈永浩. 体育文化与健康教育探究[M]. 北京：新华出版社，2018.

[16] 马驰，吴雅彬，徐小峰. 体育与健康[M]. 上海：上海交通大学出版社，2018.

[17] 任晋军，王肖天. 普通高校竞技体育品牌建设研究[M]. 上海：上海

交通大学出版社，2020.

[18] 邵源，李小华.高校足球运动开展与校园文化建设的耦合研究［M］.北京：中国戏剧出版社，2018.

[19] 宋艳红，林家润，孙国强.大学生体育与健康教程［M］.天津：天津科学技术出版社，2019.

[20] 孙洁.体育文化研究的多向度审视［M］.天津：天津科学技术出版社，2020.

[21] 王和鸣.民族传统体育文化在大学生体育健康教学模式中的融合与发展［M］.北京：北京工业大学出版社，2019.

[22] 王建军，白如冰.高校体育文化教育研究［M］.长春：吉林美术出版社，2018.

[23] 邓星华.体育文化传播与国家形象构建研究［M］.北京：科学出版社，2019.

[24] 肖洪凡，刘晓蕾.休闲体育课程建构理论与实践研究［M］.石家庄：河北人民出版社，2019.

[25] 于炳德.高校民族传统体育教学改革［M］.哈尔滨：哈尔滨出版社，2021.

[26] 岳抑波，谭晓伟.高校足球运动理论与战术技能研究［M］.长春：吉林人民出版社，2019.

[27] 张鹏作.高校体育文化教育与运动研究［M］.长春：吉林科学技术出版社，2020.

[28] 张选静.新时代高校竞技体育发展趋势及实现路径［M］.长春：吉林人民出版社，2019.

[29] 郑焕然.大学体育文化与运动教程［M］.北京：北京理工大学出版社，2020.